HISTOIRES ET AVENIRS DE LA CONSOLATION

« Peu de choses nous consolent parce que peu de choses nous affligent. »

Blaise Pascal

« Si la vie est éphémère, le fait d'avoir vécu une vie éphémère est un fait éternel. »

Vladimir Jankélévitch

Introduction

À chaque instant, on meurt à quelque chose ; on prend conscience que le temps s'écoule et que tout ce qui vit a une fin. Très souvent, on est déçu, trompé, quitté. Trop souvent, on perd une chose, infime, futile ou essentielle à sa vie, ou un être cher ; de petites déceptions nous affectent ; de grandes désillusions nous bouleversent ; des mesquineries et des trahisons nous terrassent ; de grandes douleurs et d'immenses chagrins nous submergent ; des tragédies (une guerre, un attentat, une catastrophe naturelle, une épidémie) nous touchent, souvent de loin, parfois intimement.

Il arrive aussi couramment que l'on s'inquiète, sans raison précise ou personnelle ; que l'on se sente impuissant devant les nuages qui s'accumulent sur un pays, sur l'humanité, sur la vie.

Il nous arrive aussi de souffrir de notre propre insuffisance, de nos échecs, de notre petitesse, de nos mensonges, de nos vilenies et de nos crimes même parfois ; de la responsabilité que l'on peut avoir dans notre inaptitude à être à la hauteur de nos projets, de nos ambitions, de nos rêves et même de nos propres exigences morales. Il nous arrive enfin à tous de souffrir de l'absence de sens de la vie : pourquoi vivons-nous ? Pourquoi souffrons-nous ? Quel sens a notre présence sur cette planète ? Comment se consoler de l'absurdité du monde ? de l'absurdité de la vie ?

Et puis, un jour, tôt ou tard, surgit la peur de la mort. Pour certains, elle est là dès l'enfance. Pour d'autres, elle survient à un moment inattendu : dans la confrontation à la mort d'autrui, à une maladie, à un accident, à un danger, à une menace, à une épidémie, à des massacres, à une guerre. Elle se mue alors souvent en angoisse suprême, panique absolue, douleur infinie, chagrin intense, révolte ultime. Elle révèle, par son absurdité, l'inanité de la vie : quelle peut être la signification de la vie si on ne connaît pas celle de sa fin ?

Face à ces angoisses diverses, ces douleurs multiformes, ces peurs insensées, ces craintes, nous sommes d'abord désemparés ; nous partons à la recherche d'une raison d'être, d'un sens, d'une réponse aux chagrins à venir ; à notre propre fin.

Vient alors le temps d'apprendre à vivre avec soi-même, d'accepter de n'être que soi, de consoler sa conscience de ne pas être digne d'elle, de se consoler de la perte de ceux qu'on aime. Et de consoler les autres de sa propre finitude.

Étranges mystères. Innombrables questions :

Toute peine n'est-elle pas injuste ? insensée ? inexplicable ? injustifiée ? Que peut-on faire, que doit-on faire, quand des chagrins touchent des proches ? Pourquoi bien des gens sont-ils si maladroits face aux chagrins des autres ? Faut-il jouir du fait d'être malheureux ? Faut-il souffrir pour se punir d'être vivant ? Faut-il se sentir coupable d'être heureux alors que d'autres sont malheureux ? Faut-il s'en vouloir de retrouver le sourire après un chagrin, la perte d'un être cher ? Faut-il se pardonner de vivre quelques moments de bonheur intime dans un monde barbare ?

Et puis aussi : faut-il vivre avec ses chagrins, sans chercher à s'en consoler ? Comment donner un sens au chagrin ou même à la perspective de la douleur, de la solitude du chagrin ? Comment se préparer à vivre l'absence ? Faut-il la combler par la présence d'autres personnes ?

Comment se consoler d'une douleur ? d'un chagrin ? de la peur d'un chagrin ? Comment consoler celui qui va partir ? Consoler ceux qui restent ? Doit-on se consoler différemment d'une mort précoce et d'un décès attendu ? Peut-on se consoler à l'annonce de la disparition de l'humanité, qui menace ?

Enfin, il faut donner une réponse à la plus narcissique des questions : comment les autres se consoleront-ils de la peine que je vais leur faire en les quittant ? Ou encore : comment me consoler de les laisser sans moi, sans ma protection, sans mon amour ?

D'après le Gaffiot, incontournable référence de la traduction du latin au français, « consoler » viendrait de *consolare*, qui doit se traduire par « réconforter », « rassurer » et, par extension, « compenser ». D'après le Littré – qui ici, comme si souvent, contredit le Gaffiot –, « consoler » viendrait du latin *consolai*, de *cum*, et *solus*, dont le sens propre est « entier ». Consoler signifierait donc non pas « compenser », mais « ne pas laisser seul » et « rendre entier ». De fait, la consolation est toujours conversation : avec la transcendance, avec la beauté, avec les autres.

Ne pas laisser seul ; donner du sens à un manque. L'essentiel de la consolation est là. Jusqu'à ce que vienne l'oubli, forme ultime de la consolation.

Consoler ne serait-il qu'une façon de parler de soi ? Le bonheur est-il une forme de la consolation ? N'avons-nous pas droit à d'autres bonheurs que celui de se consoler de malheurs inévitables ? N'avons-nous d'autres réponses au manque que l'oubli ?

Et encore : existe-t-il des sociétés indifférentes au chagrin ? La consolation est-elle le premier moteur du religieux ? Et enfin : faut-il, et peut-on, apprendre à consoler ? Et même, apprendre à consoler avant même que le chagrin n'arrive.

Pour consoler, les humains ont inventé mille moyens : des drogues, des gestes, des musiques, des prières, des distractions, des œuvres d'art, des rites, des techniques. Selon certains, il faut apprendre à celui qu'on tente de consoler à donner du sens à la perte qu'il a subie. Pour d'autres, il faut rire avec celui qui souffre ; pour d'autres encore, il faut pleurer avec lui, ou à sa place. Pour certains, il faut lui faire comprendre qu'il ne sert à rien de se lamenter car cela ne fait qu'aiguiser sa douleur. Et il faut lui transmettre de l'énergie et de la tendresse. Tandis que certains chercheront à distraire la personne endeuillée ou à la noyer dans du bruit, d'autres partageront avec elle des moments de silence. Et puis, très prosaïquement, ils pourront l'aider à obtenir une compensation financière de sa perte.

J'ai eu souvent à consoler des amis, des proches. Je n'ai jamais accepté de l'être (« *Never complain, never explain* »). Même quand j'ai eu, comme tout le monde, mon lot de chagrins, de douleurs, de pertes, de trahisons, de désillusions, j'ai toujours préféré ne rien en laisser paraître, et refuser même tout discours qui se voulait consolateur. Un jour où je m'éloignais de cette règle, un ami très proche me dit : « vous avez droit à vingt-quatre heures de découragement ».

Consoler les autres est aussi une façon de se donner de l'importance, d'admirer et de faire admirer sa propre empathie, de se consoler, de se rassurer face à la douleur à venir, à l'inévitable déclin, de se préparer à sa propre mort.

Et puis, un jour, très récemment, j'ai compris qu'il n'était aucun plaisir, ni amoureux, ni sensuel, ni amical, ni intellectuel, ni artistique, ni littéraire, ni musical, ni spirituel, qui ne soit, *in fine*, consolation devant le vertige du néant, la peur du mal, de la solitude et du manque. J'ai compris en particulier que chacun de mes actes s'y référait : aucun de mes choix de vie ne s'explique autrement ; aucun de mes essais, biographies, romans, pièces de théâtre qui ne parle pas de consolation, d'une façon ou d'une autre.

Plus généralement, j'ai compris que le désir d'être consolé explique presque tout du comportement de tout être humain, depuis l'enfant avec sa mère jusqu'à Don Juan avec ses conquêtes ; en passant par chacun de nous, dans toutes les sociétés. Parce que ce désir dit tout de notre rapport à la mort et il dit tout aussi de l'organisation des sociétés, de notre rapport aux autres espèces vivantes et au reste de la nature.

Parce que le désir d'être consolé est au point de rencontre de tous les enjeux importants de notre condition : de la peur, de la solitude, de l'amour, de l'amitié, du chagrin, de la haine, de la jalousie, du souvenir, de l'émotion, de la solitude, du dépassement, de l'empathie, du rapport à la vie et à la mort. À la limite, le bonheur lui-même n'est qu'une forme de consolation d'un chagrin implicite, d'un manque inavoué, de douleurs à venir. Comme si les humains n'avaient droit à un bonheur toujours fugace que pour se consoler à l'avance de malheurs inévitables. Et d'abord du premier d'entre eux : la solitude ; et du dernier d'entre eux : la mort.

Toute collectivité humaine se doit d'apporter une réponse théologique, politique ou idéologique à ces douleurs, au risque d'être menacée, dans ses fondements les plus intimes, par la rébellion de ses membres. Comme si l'action politique n'était rien d'autre qu'une des formes que peut prendre la ritualisation de la consolation.

* * *

Mille raisons de consoler et d'être consolé surgissent donc dans nos vies :

La première, la plus importante, celle qui l'emporte sur toutes les autres, qui dit tout de l'absurdité de la vie, est la peur de notre propre mort : nous sommes tous conscients de l'absurdité de la vie, même si nous refusons très souvent d'y penser, de l'admettre, de le ressentir. Cette peur finit par s'installer quand survient la mort d'un autre, en particulier celle d'un parent ; ou au moment d'une maladie, d'un accident, d'une guerre, ou même au moment d'une inquiétude hypocondriaque. Nous sommes alors désemparés devant cette finitude certaine, ce caprice intolérable de la nature, cette abominable brièveté de l'être. Nous cherchons à lui donner du sens ou au moins à nous laisser distraire pour ne pas penser à ce qui nous attend et qui attend tous ceux qu'on aime. Cette peur s'accompagne aussi pour certains d'un chagrin ressenti à l'avance en pensant au chagrin qu'éprouveront ceux qu'on laissera après soi, à qui on pourrait manquer et qui pourraient avoir besoin de nous…

La deuxième source de chagrin, et de demande de consolation, porte sur la mort, plus ou moins prématurée, plus ou moins violente, plus ou moins naturelle, plus ou moins individuelle, d'êtres chers, qui nous laisse dans un désarroi profond et ambigu. Cette disparition nous rappelle notre propre finitude et nous confirme à l'inverse que nous sommes encore vivants. Et, en cela, elle nous culpabilise.

La troisième source de chagrin est dans tous les abandons qui parsèment le parcours de la vie, depuis la naissance même et le sevrage, jusqu'au chagrin d'amour, en passant par la trahison, le mensonge, la déception, le licenciement, la solitude. D'autres demandes de consolation peuvent aussi résulter de chagrins divers extrêmement douloureux provenant d'événements considérables : une guerre, une catastrophe naturelle, un accident ; ou bien d'événements de moindre importance : un caprice insatisfait, une humiliation mondaine, un match perdu, un achat manqué, dont bien des gens font beaucoup de cas.

La quatrième source de demande de consolation vient du partage du chagrin d'un autre. Ainsi, par exemple, du chagrin provoqué par la prise de conscience de la douleur de celui qui part, ou qui meurt, sereinement ou en révolte, sans s'y être préparé : on souffre de ce dont il souffre ou de ce dont on pense qu'il a souffert, si on n'a pas pu l'assister à son départ. Ainsi aussi du chagrin des parents d'un ami décédé dont la présence nous manque, même si notre chagrin est moindre que celui des personnes dont il partageait la vie. D'autres chagrins encore submergent, différemment, ceux dont les proches ont été emportés par une catastrophe naturelle, ou par un massacre, et dont les corps ont disparu ; ainsi des morts inconnus des génocides ou des massacres, quand le chagrin ne peut se fixer sur une tombe, un lieu, une urne funéraire ou toute autre forme de présence du disparu. Ainsi des chagrins dont on n'est que témoins, impuissants, quand les médias et les réseaux sociaux nous abreuvent des chagrins des autres. Et qui, parfois, pensent nous consoler en nous montrant des gens plus malheureux que nous.

Tant d'autres souffrances à vivre : celles de ceux qui doivent s'exiler ou qui sont abandonnés par leurs parents ou qui leur sont enlevés. Tant d'aigreur, de jalousie, d'amertume, de haine de la part de ceux qui souffrent d'un écart entre leurs rêves et leurs réalités ; de ceux qui vivent un échec scolaire ou professionnel ; de ceux dont le talent n'est pas reconnu, écrivains sans lecteurs, peintres sans acheteurs, cinéastes sans producteurs, musiciens sans publics.

D'autres demandes de consolation peuvent venir à la suite d'un traumatisme individuel ou collectif, social ou politique : pour avoir souffert de violences physiques, de maltraitance infantile ou adulte, de la misère, de la faim, de la dictature, de tortionnaires, de cataclysmes présents ou menaçants. Ou encore de la peur d'un chagrin à venir.

Et parfois sans raison : les enfants (et pas seulement eux) adorent se plaindre de chagrins imaginaires juste pour être consolés. Comme si le chagrin n'était qu'un prétexte pour attirer des preuves d'amour. Comme si la consolation et l'amour n'étaient que les deux faces d'une même pièce.

Tout cela renvoie, de près ou de loin, à la peur de la mort. Et consoler de quoi que ce soit est, en fait, souvent, sinon surtout, dans toutes les sociétés, une façon, entre vivants, de se rassurer, de se réjouir d'être encore sur la terre, de dire du bien ou du mal des morts, d'échanger des nouvelles, de cimenter l'union du groupe, de canaliser la colère des souffrants, qui, trop souvent encore, sans consolation, conduit à la vengeance. Consoler, c'est donc stabiliser l'ordre social.

* * *

Dans chaque partie du monde, à chaque moment de l'Histoire, on a employé des méthodes différentes, s'inscrivant presque toujours dans un discours moral, pour faire supporter un mort, une fatalité, une maladie, une rupture, un manque, un vide, une douleur ou une catastrophe naturelle. Pour consoler tant celui qui va mourir que ceux qui restent. Dans la plupart des sociétés, cette consolation peut passer par la consommation de produits spécifiques, du sucre au chocolat, de l'alcool à diverses drogues.

Au total, le chagrin principal, à laquelle toute société doit absolument donner une réponse, c'est celui causé par la mort de ceux qu'on aime et par l'approche de la sienne propre : une société incapable de lui donner un sens serait très gravement menacée, parce qu'elle ne pourrait plus donner un sens à sa raison d'être.

C'est sur cette consolation que je vais concentrer l'essentiel de ce qui suit, parce que toutes les autres en dépendent et parce que, on va le voir, les modes de consolation de la mort sont les mêmes que les modes de consolation des autres douleurs.

Bien des moyens utilisés pour consoler de ce chagrin essentiel s'appliquent à tous les autres. Cela passe presque toujours par la prise de conscience de la séparation et par la croyance en des retrouvailles dans une après-vie, dans un autre espace-temps ; ou dans des retrouvailles ici-bas, après une résurrection. Dans le plus grand flou, d'ailleurs, puisque, dans la plupart des langues, on parle indifféremment de ce qui se passe « après la vie » ou de ce qui se passe « après la mort ».

Dans une partie de l'humanité polythéiste, on admet l'hypothèse d'une résurrection de chaque être humain en ce monde, après un jugement qui décide de la nature de la vie future, humaine ou animale, en fonction du bilan moral de chaque existence. Dans une autre partie de cette même humanité polythéiste, on croit plutôt en la présence éternelle de l'esprit des morts auprès des vivants, dans un monde parallèle.

Dans l'humanité monothéiste judéo-grecque, on a peu à peu construit une croyance dans une après-vie, divisée en deux mondes – un enfer et un paradis – où chacun irait pour l'éternité, selon le verdict d'un jugement évaluant la valeur morale de chaque vie. Pour certains monothéistes, comme pour certains polythéistes, la résurrection est possible. Pour d'autres encore, la mort est aussi absurde que la vie et une bonne conduite terrestre n'aura aucun impact sur notre sort après la mort, qui dépend de la seule volonté insaisissable de Dieu.

Dans ces deux parties de l'humanité, la consolation de la mort d'un proche, d'une blessure ou d'une offense, passe aussi parfois par la vengeance contre celui que l'on considère comme responsable. En général, cette vengeance obéit à des rituels très complexes, pour éviter qu'elle ne dérape en guerre civile ou en massacre aveugle.

Et puis, quand on refuse de se plier au destin, au dictat des dieux, quand on refuse d'admettre que l'histoire des hommes est écrite à l'avance, individuellement et collectivement, que la mort est inévitable, on renonce peu à peu à toute forme de consolation et de résignation ; on cherche plutôt à échapper à la douleur, à la maladie et à la mort. On ne cherche plus d'autre idéal que le progrès matériel, l'accumulation marchande ; et pas d'autres consolations à un chagrin que sa compensation monétaire ou la distraction.

Consoler, venger, résister, accumuler, distraire, compenser. Vieilles ruses, devenues d'avenir.

Premières histoires de consolation

Dans les sociétés les plus anciennes, quand les humains étaient nomades et vivaient brièvement, la mort était omniprésente dans la vie. Plus d'un enfant sur deux mourait avant l'âge de cinq ans ; pendant que les épidémies, les famines, les animaux ou les conflits tuaient la majorité des jeunes adultes ; et que plus de la moitié des femmes mouraient en couches.

La vie était, par nature, si fragile, qu'on n'avait sans doute ni le temps ni le désir de s'attacher. La mort était une réalité banale ; le rapport à la mort était bien différent d'aujourd'hui. Nous ne saurons probablement jamais rien des rites de consolation de ces époques anciennes. En particulier, nous ne savons pas si, en ces temps lointains, les hommes éprouvaient un quelconque chagrin devant la mort si probable de leurs nouveau-nés et de leurs proches. Nous ne savons pas non plus comment ils réagissaient face à l'anéantissement de leur tribu ou de leur peuple par une épidémie, une famine ou un groupe rival. Et nous ne savons pas si existaient alors des rituels de vengeance sur plusieurs générations…

Il est difficile de dater les premiers enterrements et les premières incinérations, et nous ne savons pas quand les funérailles ont commencé à constituer un élément du processus de consolation des vivants.

Depuis que les humains ont la parole, il doit exister des prières, des incantations, des musiques, des chants, avec des descriptions du séjour promis aux morts.

Les premières sépultures paléolithiques, vieilles de plus de 100 000 ans [1], révèlent un

---

1. Ou de 200 000 ans si on prend au sérieux l'annonce en 2023 de la découverte d'une sépulture d'un groupe d'*Homo naledi* dans une grotte de l'Afrique du

souci de donner aux morts un moyen d'atteindre quelque chose comme un au-delà, ou de rester présents auprès des vivants, et de consoler les vivants en les rassurant sur le sort de leurs proches et sur celui qui les attend eux-mêmes. On a trouvé, en particulier, dans la région de Nazareth, des tombes datant de 90 000 ans contenant du pollen, trace d'offrandes symboliques devant accompagner les êtres chers ou puissants dans un autre monde.

Pour des périodes moins reculées, nous avons quelques indices : la mythologie, la cosmogonie, la littérature en disent long sur le chagrin des mères et des amants, des vengeances des pères outragés, des guerres ainsi provoquées. On sait ainsi, par la littérature sacrée et les rituels funéraires, quelques petites choses sur la forme que prenait la consolation à l'époque : une sculpture, un vase, un bijou, nous renseignent sur les attitudes de peuples

---

Sud ; ou même de 400 000 ans si on considère comme une tombe les ossements d'une trentaine d'*Homo heidelbergensis* découverts près d'Atapuerca, dans le nord de l'Espagne.

très anciens à l'égard des deuils : un adulte embrasse un enfant ou prend dans ses bras un malade, un blessé, un mort. Tout cela est à la fois furtif et omniprésent dans l'art, qui dit tout, de tout temps, des blessures de l'âme.

Pendant tous ces millénaires, les humains sont encore nomades, les tombes ne sont pas des lieux de recueillement, encore moins de pèlerinage.

On peut deviner ce que devaient être ces rituels de consolation après un deuil à observer ce qu'il en reste aujourd'hui dans certains peuples, qui semblent avoir conservé des traces de ces cultures très anciennes. Les rites funéraires de ces sociétés dévoilent, au-delà d'eux-mêmes, les grands invariants de tout processus de consolation après une rupture, une perte, un deuil : prendre acte de la fin de quelque chose, lui trouver une place durable dans le présent et l'avenir et passer à autre chose. Et, si on le refuse, se venger. On retrouve cela dans toutes les pratiques de consolation.

Partout, l'essentiel est encore d'aider les mourants à se préparer à mourir, quelle que soit la cause du décès. Dans beaucoup de ces cultures, la croyance en la réincarnation fonde une forme de consolation, en promettant un retour à la vie, sur cette terre ou dans un au-delà, avec aussi, assez rapidement, dans beaucoup de cultures, l'idée d'un jugement qui déciderait de la nature de la réincarnation.

Très vite, on utilise l'inhumation et la crémation, l'embaumement, l'offrande du cadavre aux vautours, ou même l'anthropophagie. Presque partout, des offrandes, parfois des proches, accompagnent le défunt dans la mort. Dans presque toutes ces premières civilisations, le travail de deuil passe par trois étapes : la constatation de la mort, la cérémonie de séparation avec le mort et l'acceptation ultérieure.

Ainsi au Tibet, la consolation du mourant passe encore aujourd'hui par la lecture par un lama, à l'oreille du mourant, du *Livre des morts*, le *Bardo Thödol*, qui permet la « libération par l'audition dans les états intermédiaires ». C'est un texte du VIIIe siècle, qui semble inspiré de récits au moins deux mille ans plus anciens. Il permet au mourant de reconnaître à temps ses possibilités de libération et de ne pas céder à la peur : « Tu es la forme naturelle du vide, il n'y a donc rien à craindre. » Après le constat du décès, le corps du défunt ne doit pas être touché pendant trois jours, le temps que la conscience quitte le corps. Si le mort est un lama, il est incinéré et renaît quarante-neuf jours après sous une nouvelle forme ; les proches gardent un peu de ses cendres et les mélangent à de l'argile pour en faire des statues ou des amulettes. Les autres corps sont exposés aux vautours, souvent après que leurs os ont été brisés.

Dans le monde indien, la consolation de ceux qui partent et de ceux qui restent dépend de la capacité du groupe à assurer à chacun une bonne mort. Comme dans le monde tibétain, les morts importants sont incinérés et les prières visent à le libérer du cycle des réincarnations, pour lui permettre de rejoindre le Brahman. En particulier, il faut, si possible, venir mourir au bord du Gange, et particulièrement à Varanasi : la croyance est que le fleuve, qui s'oriente vers le nord à cet endroit, va remonter jusqu'à l'Himalaya et atteindre le ciel. Ceux dont les cendres disparaissent dans le fleuve ont la certitude de ne plus avoir à renaître. Le Gange symbolise cette permanence dans l'impermanence, et Sri Aurobindo écrit : « Ce qui est éternel ne meurt pas et ce qui est, devant le spectacle périssable, n'échappe pas à la dissolution. Dans ces conditions, pourquoi pleurer sur les morts ? » Les proches doivent financer le séjour des mourants à Varanasi et leur agonie à Manikarnika Ghat, à côté de l'un des escaliers qui descendent vers le fleuve ; puis, revêtu d'un linceul, le corps du mort est déposé sur un bûcher de santal ; le fils aîné allume le bûcher en tournant trois fois autour ; les proches n'expriment aucune douleur afin que le mourant puisse se séparer de ce monde avec sérénité avant de mettre le feu au bûcher, les officiants récitent des mantras tirés du livre X du Rig-Veda. Indicible émotion, qui me prend chaque fois que j'assiste aux prières du soir devant des bûchers sans odeur autre que les parfums répandus sur les cendres et des cadavres en décomposition flottant sur le Gange, dont nul n'a pu financer l'incinération. La crémation est suivie pendant dix jours des rites du Preta Karma, qui aide à éviter les mauvaises réincarnations. Les sadhu, les nouveau-nés, les yogis, sont parfois directement immergés dans le fleuve.

Chez les Toraja, sur l'île de Sulawesi en Indonésie, on doit sacrifier des buffles pour qu'ils accompagnent le défunt au pays des morts. L'enterrement est d'abord provisoire. Puis, parfois des années après la mort, l'enterrement final a lieu dans un caveau creusé dans la falaise ; chaque caveau, fermé par un système de verrouillage secret, abrite les membres d'une même famille ; des poupées à l'effigie des défunts sont posées dans des niches à côté des tombeaux. Les corps des riches sont enveloppés dans des linceuls brodés d'or et leurs effigies sont en bois de jacquier.

Chez les Dogon du Mali, dès le décès constaté, le corps du défunt est lavé puis déposé dans une des failles d'une des falaises pour des premières funérailles : l'âme reste encore dans la maison familiale. Des hommes tournent en rond toute la nuit sur la terrasse du mort en chantant, tandis que d'autres hommes masqués dansent sur place, que des guerriers tirent des coups de fusil et que les femmes se lamentent. Tous apportent aux parents du défunt les paroles de réconfort, « remerciements au mort », et des cadeaux qu'on appelle « le prix de la vie ». Quelques mois plus tard, sont organisées les deuxièmes funérailles : l'âme quitte alors la maison familiale pour errer au loin jusqu'à une cérémonie collective, qui donne lieu aux troisièmes funérailles, marquant la fin du deuil. Elles sont organisées tous les trois à cinq ans, et durent trois jours pendant lesquels différents masques défilent et dansent dans le village. L'anthropologue Marcel Griaule, qui leur a consacré une grande part de son travail, écrit :

> Une partie des rituels canalise la force vitale du défunt et la transmet à l'un de ses ascendants. L'autre partie, destinée à l'âme, l'aide à quitter le lieu où elle a vécu afin qu'elle rejoigne le paradis des ancêtres… Le dernier rituel, effectué trois à cinq ans après le décès, aide l'âme à rejoindre le pays des anciens.

Chez les Luo du Kenya, après un décès dans un village, les femmes s'enduisent le corps de cendres et dansent ; les hommes traversent le village à dos de taureaux, en habit guerrier ; leurs danses sont censées emporter les mauvais esprits. Les taureaux sont introduits dans la maison du défunt et les danses continuent à l'intérieur. Ce rite funéraire dure trois jours et trois nuits. Le défunt est ensuite enterré dans la propriété familiale. Chez les Kikuyu du Kenya, un adulte spécialisé dans l'annonce des mauvaises nouvelles va d'abord annoncer le décès au chef de famille en disant : « C'est Lui qui nous l'a donné, il a repris son don, Il a semé dans son jardin, Il récolte quand Il veut et ce qu'Il souhaite. » Le messager se rend ensuite au village du mort pour informer la famille qui y vit encore ; puis le décès est annoncé largement par l'une des associations d'entraide du village d'origine.

Chez les Fons du Bénin, une mère qui a perdu un enfant reçoit dans un bois sacré une statuette représentant l'enfant mort, dont elle accepte d'être la mère ; en le nourrissant, le lavant, lui faisant des offrandes, elle prend acte de la perte définitive de son enfant réel.

Chez les Yoruba du Nigeria et du Bénin et chez les Mossi du Burkina Faso, pour se consoler de la perte d'un être cher, un parent du mort s'habille de vêtements du mort, porte sa lance ou sa canne et imite ses gestes, ses traits physiques et sa manière de parler ; les enfants du défunt l'appellent « père », ses épouses « mari ».

Chez les Fali du nord du Cameroun, lorsque quelqu'un meurt loin de son village et qu'il n'est pas possible de ramener son corps, on confectionne un mannequin de paille, que la famille enveloppe de bandes de coton comme on le fait pour un vrai cadavre ; ses proches asseyent ce mannequin devant la maison du mort, où il reçoit les salutations des voisins, avant d'être enterré.

Chez les Diola du Sénégal, chacun doit préparer sa mort en accumulant mil et riz, jarres de vin de palme ou de bière de mil, et le cheptel nécessaire au sacrifice ; le mort préside ses propres funérailles en trônant au milieu de sa concession ou sur la place du village, entouré de tous les attributs de sa réussite sociale ; une foule vient lui rendre hommage et fêter la renaissance à venir, pendant que les proches gardent une réserve digne. La cérémonie exprime le mépris de la mort par des comportements burlesques, au milieu d'un vacarme assourdissant (tambours frénétiques, coups de fusil, chants) ; pendant que, seuls, les parents proches demeurent immobiles, solennellement inexpressifs. Quelqu'un dont la communauté pense qu'il a réussi sa vie a droit à des « funérailles-fêtes ».

À Madagascar, les âmes des défunts ne rejoignent définitivement le monde de leurs ancêtres qu'après la dégradation complète du corps ; aussi les cadavres doivent-ils être retournés à intervalles réguliers, pour accélérer leur réduction en squelette, jusqu'à une date fixée dès le moment de la mort par un astrologue ; ce jour-là, à l'arrivée du cortège au caveau familial, seul endroit où il pourra reposer en paix, le squelette est hissé au bout d'une perche, manipulé avec des attentions toutes particulières et honoré par des offrandes.

Dans de très nombreuses cultures, et en particulier dans certaines régions d'Afrique, comme au Nigeria et au Ghana, c'est, depuis très longtemps, la magnificence du tombeau qui console. Parfois, les couleurs des tombes indiquent le caractère joyeux de la mort ; et les cercueils rivalisent d'excentricité : il n'est pas rare d'en voir à l'image d'une voiture de luxe dont rêvait le défunt, ou d'un instrument de musique dont il jouait. C'est le cas aussi à Chichicastenango au Guatemala, avec son cimetière aux tombes et stèles de toutes les couleurs. Au Mexique, on mange, dans certaines communautés indiennes, lors des fêtes anniversaires du défunt, un crâne ou un tibia en sucre. Réminiscence vraisemblable d'anthropophagie.

Dans beaucoup de cultures, le chant est essentiel à la consolation des vivants. Au Vietnam, chez les Mnong Gar, les femmes du village organisent des chants de lamentations en duo, puis en chœur. Dans l'archipel des Trobriand, en Papouasie-Nouvelle-Guinée, toutes les activités du village, pendant des semaines après un décès, sont accompagnées de chants ininterrompus. Bronisław Malinowski, qui a si longuement observé les habitants de cet archipel au début du XXe siècle écrit : « Ce flot puissant et inégal de sons se répandant dans le village et réunissant pour ainsi dire tous ces êtres humains dans une protestation impuissante et absurde contre la mort, m'avait paru symbolique de tout ce qu'il y avait de profondément humain et réel dans ce rituel de deuil par ailleurs si rigide, si conventionnel et incompréhensible. » En Afghanistan, la maison d'un mort reste ouverte aux visiteurs pendant trois jours ; femmes et hommes, dans des pièces différentes, chantent des versets du Coran, notamment la première sourate, *Al-Fâtiha* ; les femmes et les enfants de la famille crient et pleurent bruyamment ; les sanglots sont entrecoupés de récits de la vie du défunt.

Dans beaucoup de cultures enfin, les veuves subissent un sort particulier. Chez les Trobriandais, une veuve, assistée de ses filles et de ses sœurs, porte le deuil plus longtemps qu'un veuf. Elle doit se livrer à des expressions ostentatoires de son chagrin pendant des années, sous la surveillance des parents du défunt. Chez les Kurumba des Maldives, la veuve casse tous ses bijoux ; à demi vêtue, le crâne rasé, elle doit jeûner (comme le mort, qui a faim et soif) et vivre retirée dans le silence de la maison, qui s'apparente à celui du tombeau. Elle ne renaît à l'existence sociale normale que quand l'époux devient ancêtre. Chez les Nuer de Soudan, les Bantous et quelques populations du Mali, si un homme meurt sans enfant, un membre de sa famille épouse sa veuve et les enfants qui naîtront de cette union appartiendront au défunt. Chez les Anyi-bona de Côte-d'Ivoire, la veuve prépare et consomme un repas près de la tombe de l'époux, et rien de ce qui a servi à préparer le repas ne doit revenir au village. En Inde, pendant très longtemps, les veuves devaient accompagner leur mari sur les bûchers. Quand la règle s'est assouplie, elles devaient rester recluses toute leur vie.

Les empires : la consolation réservée aux princes

Dans l'Égypte antique, pendant les premières dynasties, il y a cinq mille ans, seuls les pharaons ont droit à l'éternité. Mille ans plus tard, pendant le Moyen Empire, elle est aussi accordée aux dignitaires du régime, pour s'étendre ensuite à beaucoup plus d'hommes et à quelques femmes.

Pour avoir accès à l'éternité, il faut être embaumé. Un *Livre des morts* est alors placé sur le corps du défunt. Son nom est inscrit sur son front ou son ventre. Dans le *Livre des morts*, on peut lire la prière faite par le mourant aux dieux pour qu'ils obtiennent que le « maître de l'univers », Horus, lui accorde l'immortalité :

Hommage vous soit rendu, ô dieux, vous qui siégez dans cette cour de justice. Je vous connais, je sais que vous direz la vérité sur ce qui me concerne devant le maître de l'univers. Hommage vous soit rendu, vous qui êtes dans cette cour, dans ce ventre qui ne connaît nul mensonge, vous qui vivez de vérité et qui vous repaissez de justice en présence d'Horus. Je suis venu chez vous sans mal et sans iniquité. J'ai fait ce que disaient les hommes et ce qui plaisait aux dieux. J'ai donné du pain à celui qui avait faim, de l'eau à celui qui avait soif, des vêtements à celui qui était nu ; j'ai donné des offrandes aux dieux, le repas funéraire aux défunts. Protégez-moi, ne parlez pas contre moi en présence du grand dieu, car ma bouche et mes mains sont pures.

Pendant l'embaumement, les proches doivent rester chez eux ; s'ils sont obligés de sortir, ils doivent se couvrir le visage de boue et se frapper continuellement la tête. Chaque étape de l'embaumement est accompagnée de la récitation de prières appelant à la résurrection du défunt : « Tu revis, tu revis pour toujours, te voici de nouveau jeune à jamais. » Au bout de soixante-dix jours, l'embaumement s'achève par la pose d'un masque et l'enfermement dans un sarcophage. Les proches gardent en souvenir un portrait peint du défunt.

Les obsèques sont alors des moments de propagande politique. On glorifie ceux dont la mémoire est utile au pouvoir et l'on écarte ceux qui ne servent pas ses desseins : on va même jusqu'à effacer toutes traces des pharaons précédents sur les temples.

Dans l'Empire chinois, aux mêmes époques, il n'y a ni temple, ni prêtre, ni livre, ni dieux, ni jugement, ni résurrection. Les morts ne se réincarnent pas et ne vivent pas non plus dans un univers distinct de celui des vivants. Seul leur souvenir survit ; et c'est ce souvenir qui console le mourant, et ceux qui lui survivent. Les cérémonies funéraires visent à transformer le défunt en ancêtre, par des bains, un habillement et des lamentations rituelles. Un géomancien définit la date de l'inhumation et l'orientation du cercueil, pour que le souvenir du mort soit bénéfique aux vivants. Une fois inhumé ou incinéré, chaque défunt est représenté par une tablette portant son nom, placée sur un autel dressé dans la salle principale de chaque demeure. Au moment des fêtes consacrées aux morts, lors de leurs anniversaires et au nouvel an, chaque membre de la famille entre dans un état de prostration spécifique, selon son degré de parenté avec le défunt ; on présente des offrandes, on brûle de l'encens et on allume des lampes. Confucius illustre très joliment ce rituel : « Les rites de deuil sont là pour fatiguer la douleur et y mettre fin. »

Lorsque la mort est due à un meurtre, la consolation passe, dans presque toutes les sociétés, par la vengeance, organisée si possible selon des rites consolateurs, dont on trouve une expression particulièrement raffinée dans le monde grec.

Le monde grec : la consolation par la morale

Un des premiers grands poètes grecs, l'immense Hésiode, explique, il y a plus de 2 700 ans, dans *Les Travaux et les Jours*, que les morts rejoignent les Champs-Élysées, lieu où vivaient pendant l'Âge d'or les hommes alors immortels : « Les hommes vivaient comme des dieux, le cœur libre de soucis, à l'écart et à l'abri des peines [...]. Ils possédaient tous les biens ; la terre fertile produisait d'elle-même et en abondance. »

Au même moment, Homère décrit aussi ces « Champs-Élysées » où les morts sont heureux, mais il ajoute que cette immortalité *post mortem* ne peut suffire à atténuer la douleur des vivants. C'est la première civilisation qui affirme que l'immortalité *post mortem* n'est pas consolatrice : quand le Troyen Priam vient réclamer au Grec Achille le corps de son fils Hector pour l'enterrer selon ses rites, Achille lui dit qu'il comprend sa douleur, en citant Niobé, fille de Tantale, qui en apprenant que ses enfants avaient été tués, avait dû manger pour se donner des forces contre la souffrance.

Pourtant, comme dans bien des civilisations antérieures, on trouve dans les cités grecques l'idée d'un jugement des morts, les conduisant à un destin *post mortem* différencié selon leur conduite pendant leur vie. À Athènes, Platon retranscrit ainsi dans le *Phédon* les enseignements de Socrate :

> Quand les morts sont arrivés à l'endroit où leur démon respectif les amène, dit Socrate, ils sont d'abord jugés : ceux qui ont eu des conduites moyennes sont dirigés vers l'Achéron. Ils y habitent et s'y purifient. S'ils ont commis des injustices, ils en portent la peine puis sont absous. S'ils ont fait de bonnes actions, ils en obtiennent la récompense, chacun suivant son mérite. Ceux qui sont regardés comme incurables à cause de l'énormité de leurs crimes sont

précipités dans le Tartare, d'où ils ne sortent jamais. Ceux qui se sont distingués par la sainteté de leur vie et qui sont reconnus pour tels sont exemptés de ces séjours souterrains et montent dans une demeure pure. Parmi ceux-là, ceux qui se sont entièrement purifiés par la philosophie vivent à l'avenir sans corps et vont dans des demeures encore plus belles que les autres.

Puis, progressivement, s'installe à Athènes, avec les stoïciens et les épicuriens, l'idée que la consolation de la perte d'un proche suppose une acceptation rationnelle de la mort, manifestation inéluctable d'une loi de la nature.

La philosophie fait alors surgir la raison comme une forme supérieure de consolation, qui n'espère en aucune immortalité *post mortem*, ni en aucun monde d'après.

Comme dans de nombreuses civilisations de la même époque, on distingue à Athènes trois étapes dans le rite funéraire : la *prothesis* (toilette mortuaire et exposition du corps), l'*ekphora* (cortège funéraire) et enfin l'inhumation ou la crémation, réservée aux plus riches, dans un cimetière toujours situé à l'extérieur de la ville. On dépose dans la bouche du mort des asphodèles et une obole, pour payer à Charon le passage du Styx. Alors qu'à Athènes, un gâteau de miel et d'autres victuailles sont placés dans les tombes, il est interdit de faire de même à Sparte. En signe de deuil, les membres de la famille se coupent les cheveux, symbolisant ainsi la perte d'une partie d'eux-mêmes. On loue les services de pleureuses. Les familles les plus riches organisent des cortèges énormes, avec des chars et des chevaux. Après les funérailles, un repas réunit les membres de la famille. Les morts qui n'ont pas les moyens d'un tel cérémonial sont condamnés à errer au bord du Styx pour l'éternité. Leur âme n'est jamais en repos et ils peuvent revenir hanter les vivants.

Les obsèques sont, là aussi, des moments de propagande politique. Certains morts importants ont droit à une statue et sont honorés par tous.

Beaucoup de législateurs grecs ont cherché à réduire le luxe des obsèques. Selon Platon, « les funérailles les plus sobres sont les plus belles ». On ne va jamais ensuite se recueillir sur les tombes.

C'est là aussi qu'on trouve une des formes les plus sophistiquées de ritualisation de la vengeance comme instrument de consolation. La déesse Némésis est l'exécutrice de la justice de Zeus. Elle venge les crimes et punit la démesure. Chaque génération porte le devoir de venger la précédente. On retrouve encore cela dans de très nombreuses cultures méditerranéennes contemporaines. Quand la violence qui en découle menace de détruire la société, elle est orientée vers un bouc émissaire, qui prend sur lui les péchés de tous, et qui, par nature, est consolateur de tous.

Le premier nom du Messie, bouc émissaire des péchés des autres dans la tradition juive, est justement Menahem, le « consolateur ».

Selon la tradition juive, le Messie est d'ailleurs aussi consolateur de Dieu, parce que, quand Il viendra, tous ceux qui n'ont pas cru en Lui se mettront à y croire. Le Messie est la forme monothéiste de la consolation.

Le judaïsme : la consolation par la fraternité

Dans le judaïsme, dont les débuts sont contemporains des récits d'Homère, l'âme de chaque être humain est immortelle et va rejoindre, après sa mort, celle des autres morts, dans l'attente d'une résurrection, dont les formes sont multiples selon les prophéties : elle pourra être soit individuelle, dans un corps humain, soit collective, dans la lumière divine. Et cette résurrection aura lieu après un jugement. Selon les textes, les actions de chacun sont enregistrées dans un livre dont Dieu est le seul lecteur.

Pour le judaïsme, dès ses débuts, et à de nombreuses occurrences dans la Bible, seul

Dieu est consolateur, par son existence, sa présence, son amour des hommes, et sa justice. Il donne sens à la vie et à la mort. À condition de respecter les règles qu'il fixe ; règles de non-violence et de fraternité.

Les Apocalypses (1 Hénoch, Apocalypse de Baruch, 4 Esdras) et les prophètes, dont Ezéchiel et Daniel, annoncent que tous les hommes seront un jour ressuscités, comme en témoigne aussi Job :

> Je sais que mon libérateur est vivant, et qu'à la fin Il se dressera sur la poussière des morts. Je sais que je me tiendrai debout, et que, de mes yeux de chair, je verrai Dieu. Moi-même, je le verrai, et quand mes yeux le regarderont, Il ne se détournera pas (Job, 19, 25).

Selon ses actes, le mort est envoyé dans la géhenne ou dans le jardin d'Éden. Les auteurs de péchés particulièrement graves sont « retranchés » de la présence de Dieu (Lévitique, 20, 25) :

> Beaucoup de gens qui dormaient dans la poussière de la terre s'éveilleront. Les uns pour la vie éternelle, les autres pour la honte et la

déchéance éternelles. Les sages brilleront comme la splendeur du firmament, et ceux qui sont des maîtres de justice pour la multitude resplendiront comme les étoiles dans les siècles des siècles.

Le Talmud, recueil de commentaires de la Bible, fait de la croyance en la résurrection un article de foi. Un peu plus tard, un grand texte de mystique juive, le *Zohar*, à l'influence immense, accepte l'idée de la transmigration des âmes d'un corps à l'autre sans attendre la résurrection. Beaucoup plus tard, en Palestine, le maître cabaliste Isaac Luria expliquera que les âmes se purifient en passant de corps en corps, en vue de participer ultimement à la restauration de l'harmonie originelle et au retour de Dieu de son exil.

D'une façon pratique, la consolation juive face à l'approche de la mort passe d'abord, comme dans d'autres cultures, par un rituel de deuil, qui doit rassembler tous les proches et leur assurer la tendresse et l'affection de la communauté. Dans les derniers jours, les proches ne doivent pas quitter l'agonisant et le réconforter en lui demandant de confesser ses péchés, d'exprimer ses dernières volontés et recommandations. Le mourant doit ressentir qu'il fait partie d'une communauté, qu'il n'est pas seul. Quand le mourant ou ses proches prononcent le dernier mot de la prière du Shema, et que la mort est constatée, l'âme du défunt se sépare du corps. Le décès est alors annoncé ; s'il n'y est pas, le mort est alors ramené à son domicile. Jusqu'à son ensevelissement, il est veillé sans interruption. Là encore, nul ne doit rester seul, vivant ou mort. Après la toilette funéraire, il est revêtu de draps blancs évoquant les habits du grand prêtre. Puis on le dépose sur le sol, les pieds en direction de la porte, une bougie près de la tête, symbole de l'immortalité de son âme. Les proches demandent pardon au mort, sans le toucher. Le corps est ensuite mis dans le cercueil qui est alors scellé. L'incinération est interdite. Les funérailles ne passent pas par un temple ; le corps va directement au cimetière, où il faut être au moins dix, parce qu'il faut être nombreux pour entourer les endeuillés. On ne salue et ne répond à personne avant la mise en terre. Le rabbin prononce l'éloge funèbre, puis jette trois pelletées de terre, suivi par tous ceux qui sont là. Une fois la fosse comblée, on récite le Kaddish puis le Tzidouk Hadin :

> Que l'esprit de Dieu le fasse reposer dans le jardin d'Éden, lui qui a quitté ce monde selon la volonté de Dieu, maître des cieux et de la terre. Que le Roi des rois par sa miséricorde le prenne en pitié et qu'il soit clément envers lui. Que le Roi des rois dans sa miséricorde l'abrite à l'ombre de ses ailes et dans le secret de sa demeure, afin qu'il contemple les délices de l'Éternel et réside dans son sanctuaire.

En quittant le cimetière, certains arrachent une poignée d'herbe, symbolisant la résurrection. D'autres déposent une pierre sur la tombe et le refont à chacune des visites recommandées au cimetière.

Nul vivant ne peut vraiment consoler ceux qui souffrent. Seul Dieu console parce qu'il peut seul donner sens à la douleur, au chagrin, à la perte. Les prières organisent une savante consolation : la famille reste chez elle pendant une semaine (c'est le Shiva) et reçoit des visites. La consolation se fait par la présence des autres et par les prières en commun : on doit être au moins dix pour prier. Il y a des prières quotidiennes, puis hebdomadaires, puis mensuelles, puis annuelles, à l'anniversaire de la mort. Les proches du défunt doivent s'habiller de noir. Toute représentation du mort est interdite.

Si la mort est due à un meurtre, la vengeance privée est interdite. L'œil pour œil babylonien est remplacé par une amende. La canalisation de la violence est, là encore, la condition de fonctionnement de la société.

Rome : la consolation impossible

Comme chez la plupart des peuples antérieurs et contemporains, les funérailles romaines sont un élément essentiel du processus de consolation. Leur rituel est très voisin de celui des Grecs. La mort est une souillure et le rituel funéraire vise à purifier la famille et à éviter que la société tout entière ne soit affectée. C'est, comme ailleurs, un rituel de passage pour le mort et un rituel de consolation pour les vivants. Le rite vise à retrouver un équilibre après le chagrin, sans faire apparaître des inégalités face à la mort.

Les funérailles conditionnent l'accès à la vie éternelle. Un membre proche de la famille l'embrasse sur la bouche puis on l'appelle trois fois à voix haute. Le corps est ensuite lavé et exposé pendant une durée dépendant du rang social du défunt. Une pièce de monnaie est placée dans sa bouche. Le cortège funèbre, parfois accompagné de musiciens, se dirige alors vers la nécropole, hors de la ville des vivants, où a lieu l'incinération. Les riches sont incinérés, les plus pauvres jetés dans des fosses communes. Les femmes ont aussi droit à un éloge funèbre pendant leurs funérailles. Les endeuillés doivent être en tenue négligée. On prononce un éloge funèbre devant le bûcher et on y jette des offrandes. Les cendres sont ensuite placées dans une urne et on porte le deuil pendant un an.

Les obsèques continuent d'être des moments de propagande politique : tandis que l'on glorifie ceux dont la mémoire est utile au pouvoir, on écarte ceux qui ne servent pas ses desseins.

Polybe raconte dans ses *Histoires* (VI, 53) que, au IIe siècle avant notre ère :

> Quand un homme de renom décède, son corps est présenté en grande pompe à la tribune sur le forum, et son fils met en valeur ses vertus

publiques et personnelles de manière à ce qu'elles soient transmises dans la cité. Après l'éloge funèbre, le mort est enseveli avec les rites habituels, et son image (masque de cire représentant avec une remarquable fidélité la physionomie et le teint du défunt) est enfermée dans un reliquaire en bois et emportée dans l'endroit le plus en vue de la maison. À l'occasion de sacrifices publics, on expose ces images et on les honore avec de grandes attentions.

Comme tous les autres peuples, à l'exception du peuple juif, les Étrusques puis les Romains conservent des représentations des morts, portrait ou buste, en un matériau pérenne, placé sur un autel dans la maison.

Apparaît alors le mot « deuil » (de *dolere* : « avoir du chagrin, éprouver de la douleur »), qui, à l'origine, désigne le chagrin causé par la perte de l'être aimé avant de désigner les marques extérieures de ce chagrin et de la consolation (cérémonies, rituels, vêtements). Par ailleurs, le droit romain reprend l'idée juive de la compensation monétaire de la douleur, sous le nom de *pretium doloris*.

Les philosophes romains, après les Grecs, théorisent alors la consolation des endeuillés.

D'abord, vers 60 avant notre ère, avec *De natura rerum*, Lucrèce vise à délivrer les hommes de la peur de la mort, par la méditation et le rappel des principes épicuriens. Pour lui, comme pour les stoïciens grecs, la consolation passe par la raison : la consolation devient un vrai genre littéraire. Ainsi, au même moment aussi, le grand homme politique et écrivain Cicéron reprend, dans *Officium consolantis*, les thèmes stoïciens : la consolation véritable réside, dit-il, dans le renoncement à tout espoir. Pour lui, la gloire « est la seule chose qui console [ou dédommage] de la brièveté de la vie ». Cela ne le console pas lui-même quand, en 45 avant notre ère, deux ans avant sa propre mort, meurt sa fille Tullia : écrasé de chagrin, il se terre alors dans sa villa d'Astra. De Rome, ses amis lui écrivent des lettres de consolation, l'exhortant à ne pas se complaire dans la peine privée : « Dans le degré de malheur où Rome est parvenue, quoi de meilleur que de mourir ? » Cicéron décide alors d'écrire, pour sa propre consolation, la *Consolation sur la mort de Tullia*, dont le texte est perdu à l'exception d'un extrait, où il est question d'un paradis, où se trouverait sa fille :

> Les sages ont estimé que l'accès au ciel n'était pas ouvert pareillement à tous : ils ont enseigné que les âmes souillées de vices et de crimes s'enfonçaient dans les ténèbres et étaient plongées dans la fange, tandis que les âmes pieuses, pures, intactes, sans tache, affinées de surcroît par la pratique des études et des arts, volaient jusqu'aux dieux, c'est-à-dire jusqu'à une réalité semblable à la leur.

Au même moment, le grand poète latin Virgile explique que seul le chant peut consoler d'un grand chagrin (*Bucoliques* V, *Géorgiques* IV et *Énéide* VI).

Un peu plus tard, au milieu du Ier siècle de notre ère, un autre écrivain romain, Sénèque, reprend la thèse de Cicéron et des stoïciens grecs ; d'abord dans la *Consolation à Polybius*, il tente de consoler un ami de la mort de son frère par l'évocation de ses qualités : plutôt que de se plaindre de la perte d'un être cher, il faut cultiver sa mémoire sans craindre que le souvenir des moments heureux passés avec un disparu augmente la douleur de sa perte. Puis, dans une lettre d'une grande puissance littéraire, il s'adresse à sa mère et cherche les mots pour faire face à la perte d'un parent. Ce texte, baptisé *Consolation à Helvia*, sera utilisé comme discours de consolation dans toute l'Europe chrétienne jusqu'à la Renaissance. Il appelle à ne pas chercher à se consoler de l'inévitable, à laisser s'épancher le chagrin ; car, pour lui, seul le temps console. Ses paroles sont d'une grande force et d'une grande modernité :

> Souvent, ma très bonne mère, j'ai éprouvé une vive envie de te consoler mais souvent je l'ai contenue [...]. Je croyais que je me déchargerais de tous mes malheurs quand, même sans pouvoir empêcher tes larmes de couler, je serais parvenu, ne serait-ce qu'un instant, à les essuyer ; [...] Mais inversement [...] je savais qu'il ne fallait pas attaquer de front ta douleur tant qu'en sa nouveauté elle ferait rage, de peur que mes consolations ne réussissent précisément qu'à l'exacerber ; de même quand on veut soigner le corps, rien n'est plus nocif qu'un traitement prématuré. Voilà pourquoi j'attendais que ta douleur s'affaiblisse toute seule et que, le temps l'ayant préparée en douceur à tolérer les remèdes, elle se laisse examiner et traiter.

Et il ajoute l'idée neuve que la philosophie et la littérature sont, par leur nature même, consolatrices ; parce qu'elles donnent du sens au monde :

> Elles guériront ta blessure, te délivreront complètement de ta tristesse. Reviens maintenant vers ces disciplines, elles te garantiront ta tranquillité. Elles te consoleront ; et, si elles pénètrent ton âme, celle-ci ne sera plus jamais accessible à la douleur ni à l'anxiété ni au vain tourment d'une souffrance inutile…

Il ajoute enfin :

> Ce qui prouve qu'il n'est pas naturel de succomber à ces deuils, à ces déchirements, c'est qu'ils sont plus douloureux à la femme qu'à l'homme, plus aux barbares qu'aux peuples de mœurs douces et civilisées, plus aux ignorants qu'aux esprits éclairés.

À la fin du Ier siècle de notre ère, un autre écrivain romain, Plutarque, écrit en grec une lettre à sa femme, intitulée *Lettre à Timoxène* au sujet de la mort de leur fille. Il critique le manque de pudeur et les manifestations extérieures du deuil et félicite sa femme d'avoir refusé « ces visites de femmes détestables qui viennent crier et mêler leurs pleurs à ceux des autres, et par là exciter et aiguiser le chagrin sans permettre que d'autres l'adoucissent ou qu'il se calme de lui-même ». Il ajoute : « qu'en cette douleur tu te maintiennes [...] dans les termes du devoir », même s'il souligne ensuite qu'il comprend et partage sa douleur : « je sais que tu as de bonnes raisons de pleurer ; tu sais que je ne suis pas moins sensible ; je sais que tu voulais une fille après quatre garçons ».

Au même moment, toujours à Rome, le savant Pline l'Ancien, auteur d'une *Histoire naturelle* en 37 volumes, signale qu'on fabrique des images des morts devenues des « images républicaines » : pour les gens du peuple, simples empreintes en terre du visage du mort, effigies en argent pour les patriciens. Les cimetières sont rejetés en périphérie des villes.

À la même époque, le stoïcien romain Épictète donne, dans son *Manuel*, les premiers conseils explicites de consolation ; et c'est là une liste fort précieuse des chagrins possibles et des modes de consolation qu'ont dû partager toutes les civilisations depuis des millénaires :

> Quand tu vois quelqu'un pleurer, endeuillé, ou parce que son fils est parti en voyage, ou parce

qu'il a perdu ses biens, fais en sorte de ne pas en rester au spectacle de son malheur et réagis : ce n'est pas l'événement qui l'oppresse (un autre n'en est pas oppressé), mais l'évaluation qu'il en fait. Alors, dans les limites de la parole, ne crains pas de lui porter de la sympathie et, si le cas se présente, de gémir avec lui ; applique-toi pourtant à ne pas gémir de façon erronée ; ne lui donne pas une représentation imaginaire de ce qu'il a perdu, ou de l'au-delà où se trouve l'être perdu ; refuse de participer aux mythes et à la magie.

Pour Épictète, comme pour les stoïciens grecs avant lui, il faut accepter la mort comme elle vient, car elle fait partie du monde. Pour lui, comme pour Sénèque, consoler est impossible ; le chagrin est naturel ; tout éloge d'un défunt est inutile.

Un peu plus tard, au IIe siècle de notre ère, l'empereur romain Marc Aurèle écrit encore, comme le faisaient les stoïciens d'Athènes six siècles avant lui, sa résignation sereine au destin : « Tout me convient de ce qui te convient, ô Monde ! »

Les Celtes : la consolation par la jeunesse éternelle

Au même moment, certains autres peuples d'Europe emploient d'autres moyens pour se rassurer sur le destin de leurs morts. Les Celtes ne parlent que de la brièveté des choses terrestres. Ils nomment l'au-delà, selon les circonstances, « Terre des jeunes », « Terre des vivants », « Terre des femmes », « Terre des plaisirs », « Terre de promesse » ou encore le Sid (« la paix »). C'est parfois un verger ouvert à tous les défunts, devenus immortels ; il n'y existe plus de distinction sociale ; rien n'y est ni rare ni interdit. Dans l'Europe celtique, comme dans de nombreuses civilisations antérieures et postérieures, lors des funérailles, les biens auxquels tiennent les morts les accompagnent et on « jette au feu tout ce qu'on pense leur avoir été cher pendant leur vie, même les animaux » (César, *Guerre des Gaules*). Les tombes de l'époque sont abondamment garnies de mobilier, armes, parures et monnaies ; avec parfois même les corps de compagnons d'armes assassinés pour partager le sort du défunt, s'il est un seigneur d'importance. Le 1er novembre, qui marque le début de l'année celte, les vivants sont exceptionnellement invités dans le monde des morts et ils ont le droit exceptionnellement de briser tous les tabous alimentaires et sexuels. Les Gaulois, Celtes parmi d'autres, confient à leurs morts, dans leurs tombes, des messages écrits à transmettre à leurs ancêtres communs.

Le christianisme : la consolation par l'espérance

Le christianisme primitif, comme le judaïsme – dont il n'est au départ qu'une secte parmi d'autres –, reprend du judaïsme l'idée selon laquelle seul Dieu peut consoler de tous les chagrins. Paul écrit fin 57, dans sa deuxième Épître aux Corinthiens :

> Béni soit le Dieu et le Père de notre Seigneur Jésus-Christ, le Père des miséricordes et le Dieu de toute consolation, qui nous console de tous nos maux, afin que nous puissions aussi consoler les autres de tous leurs maux, par la même consolation que nous sommes nous-mêmes consolés de Dieu. [...]. Ainsi que vous avez part aux souffrances, vous aurez part à la consolation.

Comme le judaïsme, et la plupart des civilisations antérieures, le christianisme console celui qui va mourir et ceux qui restent par l'espérance d'une vie éternelle, et plus particulièrement ici d'une résurrection, telle qu'annoncée par les Apocalypses juives ; cette fois ouverte à toutes et à tous. La perspective d'attendre la résurrection dans ce jardin est consolatrice pour le mourant comme pour ceux qui restent. Et le tombeau ne doit pas être un lieu de recueillement, mais tel un grain de blé enfoui en terre, laissant espérer qu'il germera et fournira des moissons futures.

Selon Jean, Jésus aurait dit à Marthe, sœur de Lazare : « Je suis la résurrection et la vie. Celui qui croit en moi vivra, quand même il serait mort ; et quiconque vit et croit en moi ne mourra jamais. » (Jean 11, 23-26). Et : « Dans la maison de mon Père, beaucoup pourront trouver leur demeure. Sinon, est-ce que je vous aurais dit : "Je pars vous préparer une place ?" Quand je serai allé vous la préparer, je reviendrai vous chercher. Là où je suis, vous aussi serez. » Il aurait ajouté : « Celui qui mange ma chair et boit mon sang a accès à la vie éternelle » et « Si quelqu'un garde ma parole, il ne verra point la mort dans les siècles. » L'apôtre Matthieu écrit : « Venez, les bénis de mon Père, recevez en héritage le royaume préparé pour vous depuis la fondation du monde » (Matthieu 25, 31-41).

Les seules véritables différences du christianisme au regard du judaïsme sont : la venue du Messie ; la foi est la garantie d'une vie éternelle ; c'est une religion prosélyte et pour elle, le scandale absolu, c'est la richesse : au point que plus on aura été malheureux ici-bas, plus on aura de chance d'être heureux au ciel (Évangile selon Matthieu) :

> Venez, les bénis de mon Père, recevez en héritage le Royaume qui vous a été préparé depuis la fondation du monde. J'ai eu faim et vous m'avez donné à manger. J'ai eu soif et vous m'avez donné à boire. [...] Les justes lui demanderont alors : Seigneur, quand nous est-il arrivé de faire tout cela ? Et il répondra : En vérité je vous le dis, dans la mesure où vous l'avez fait aux plus petits de vos frères, c'est à moi que vous l'avez fait...

Et encore, selon Jean :

> En vérité, je vous le dis, celui qui écoute ma parole et croit en Celui qui m'a envoyé aura la vie éternelle, et passera de la mort à la vie. N'en soyez pas étonnés. L'heure vient où tous ceux qui sont dans les tombeaux entendront la voix du Père.

À partir du IIe siècle, le christianisme prend le pouvoir dans les esprits de l'Empire romain. L'espérance consolatrice d'une résurrection explique la capacité de séduction d'une société romaine dont la violence devient insupportable à beaucoup, en particulier aux femmes, et dont la religion interdit, de fait, toute consolation. Tertullien, l'un des tout premiers écrivains romains et chrétiens, organise, pour faciliter la conversion des Romains, la traduction de nombreux rites et récits de la religion romaine (eux-mêmes traductions de rites et récits grecs) en rites et récits du christianisme : les dieux deviennent des saints ; les fêtes changent de nom.

Les Champs-Élysées des Grecs et des Romains (devenus le *locum refrigerii, lucis et pacis* « lieu de rafraîchissement, de lumière et de paix ») deviennent le « jardin des Délices », lui-même issu d'une appropriation du jardin d'Éden des Hébreux. Même si Philon d'Alexandrie (20 av. J.-C.-50 apr. J.-C.), puis Origène (v. 185-v. 252), mettent en doute la réalité matérielle du paradis terrestre, en proposant une lecture allégorique du récit de la Genèse, cette promesse s'installe durablement dans le rite chrétien. Le paradis est à la fois un lieu bien réel, terrestre (dont on dit alors qu'il est irrigué par un fleuve qui se partage en quatre bras, et sans doute situé dans l'Inde d'aujourd'hui) et un lieu surnaturel, le royaume des cieux, où les âmes des justes attendront la résurrection. Au IIIe siècle, ce « lieu du Christ, lieu de grâces » est encore considéré par l'Église naissante comme réel : il est décrit par les évêques comme « une terre luxuriante dont les champs verdoyants se couvrent de plantes nourricières », sans le froid de l'hiver ni le chaud de l'été ; il « demeure immobile de Dieu, des anges et des élus », Jérusalem céleste, qui englobe toutes les autres sphères célestes. À ce moment, Cyprien, un Berbère devenu évêque de Carthage et père de l'Église, écrit :

« [dans l'au-delà] nous attendent une foule de parents, de frères et d'enfants. Aller les voir et les embrasser, quelle joie pour eux et pour nous ! » À la fin du IVe siècle, Augustin, évêque d'Hippone, réaffirme dans *Genesiae litteram* la croyance chrétienne en la matérialité du paradis terrestre :

> Nous devons nous tenir pour avertis de ne pas voir là une manière figurée [...]. Un fleuve prend sa source dans ce lieu de délices et arrose le paradis et tous les beaux arbres chargés de fruits qui ombragent cette contrée.

Presque partout en Europe chrétienne, on commence à construire des oratoires et des églises sur la tombe des saints et des martyrs, et on demande à être enterré près d'eux. Au Ve siècle, tout défunt chrétien doit être enseveli nu dans un linceul avec les mains jointes ou croisées, les pieds à l'est et la tête à l'ouest. En revanche, les seigneurs mérovingiens sont inhumés habillés dans leurs tenues d'apparat avec les bras disposés le long du corps, avec des armes, des bijoux, des céramiques et de la nourriture. Le mort n'est plus alors un cadavre mais un corps en sommeil. Le blanc devient la couleur du deuil pour les femmes, tandis que les hommes portent le violet.

À partir du VIe siècle, les églises commencent à héberger des tombeaux de seigneurs et d'évêques, contre les objurgations des papes et des églises locales.

En 524, à Ravenne, Boèce, un grand érudit, patricien romain, auteur d'une œuvre scientifique et philosophique considérable, proche des chrétiens mais non converti, condamné à mort pour d'obscures raisons politiques, trouve la consolation en attendant son exécution, dans l'écriture d'un texte qu'il intitule *Consolation* et qui restera étudié pendant plus de mille ans dans les universités de tout l'Occident chrétien. Il y explique que seule la raison peut consoler face à l'absurdité de la mort, et plus encore face à la mort imposée par les caprices des puissants. Dans ce texte, une « Dame Philosophie » lui enseigne les meilleures façons de « soigner et guérir » le chagrin ; elle lui recommande d'accepter humblement l'impénétrable volonté divine et de se réjouir de sa prochaine proximité de Dieu et des êtres qui lui sont chers.

> Pour que ton œil voie de la Vérité et la sainte beauté, pour suivre sa voie avec fermeté, renonce à la joie, bannis de ton cœur l'espoir et la peur ; brave la douleur !

Et encore :

> Tous les hommes, si divers que soient les soucis qui les rongent, doivent s'efforcer d'arriver, par des routes différentes il est vrai, à un seul et même but : la béatitude. J'entends par là ce bien suprême, au-delà duquel, une fois qu'on le possède, il n'y a plus rien à désirer.

Un texte magnifique, où on retrouve aussi bien des traces de sagesses venues d'Asie que la pensée d'Épictète.

En 561, le canon 33 édicté lors du premier concile de Braga, renouvelle l'interdiction d'enterrer les morts dans les églises, quels qu'ils soient, ce qui prouve que beaucoup de puissants le font encore ; et continueront de le faire.

À la fin du VIe siècle, le pape Grégoire le Grand introduit dans le rituel des prières chrétiennes la nécessité de lire à haute voix pendant les messes des listes nominatives de défunts, comme c'est le cas dans le judaïsme ; l'Église le confirmera à l'époque carolingienne. On continue d'enterrer les riches dans les églises et on commence à célébrer des messes privées à l'occasion de leurs obsèques à intervalles réguliers, pour rappeler leurs souvenirs. C'est l'occasion pour l'Église de demander des offrandes pour les chapelles auxquelles est confiée la responsabilité de l'âme de tel ou tel parent. Le veuvage d'un époux ou d'un fils dure deux ans ; il dure un an pour les parents.

À l'approche du VIIIe siècle, on n'habille de moins en moins les morts avant de les enterrer, et on ne dépose plus ni armes ni bijoux dans les tombes, sauf pour les grands notables, civils ou religieux. Les tombeaux ne sont toujours pas des lieux de recueillement, sauf pour les très grands seigneurs, les princes et les rois. Les cimetières sont de plus en plus à l'intérieur des villes et ils ne sont pas des lieux de recueillement.

Le christianisme continue de récupérer toutes les croyances et pratiques des religions antérieures : au milieu du IXe siècle, sur les terres celtes et se calquant sur leurs traditions, Odilon de Cluny, cinquième abbé de Cluny

– qui développe l'ordre clunisien – institue une commémoration de l'ensemble des défunts le 1er novembre (date du début de l'année celte) et fait du 2 novembre la fête plus particulière des morts qui auraient encore besoin de l'intercession des vivants pour accéder au paradis.

La religion catholique, comme ses prédécesseurs, s'installe plus que jamais comme consolatrice, chargée de donner du sens au monde, de permettre de se résigner à la souffrance et d'empêcher la révolte des peuples contre Dieu et les puissants.

L'islam :
la consolation par la vie éternelle

Le rituel musulman du deuil est précis et expéditif, comme il se doit de l'être dans les pays chauds. Pendant son agonie, le mourant doit témoigner une dernière fois qu'« il n'est de Dieu que Dieu » et que « Muhammad est l'envoyé de Dieu ». S'il est trop faible pour parler, un de ses proches doit lui lever l'index de la main droite – signe d'alliance avec Dieu – et prononcer pour lui la *Shahada*, la profession de foi. Lorsque la mort survient, il faut fermer les yeux du mort et dire : « Seigneur, pardonne-lui, élève son rang parmi les personnes guidées, et remplace-le auprès des membres de sa famille encore en vie. Pardonne-nous ainsi qu'à lui. Élargis sa tombe et illumine-la. » On l'enterre très rapidement, si possible avant le coucher du soleil, juste après une toilette rituelle. Le lendemain, les membres de la famille, y compris les femmes, vont se recueillir devant la tombe, qui ne devient pas ensuite un lieu de pèlerinage, sauf pour de rares personnages d'importance mystique. La couleur du deuil est le blanc. S'il est permis au musulman d'exprimer sa tristesse et sa douleur en pleurant, il doit éviter tout excès dans les lamentations et faire preuve de maîtrise de soi : « Le Prophète a dit : celui qui se rase la tête, crie et déchire ses vêtements n'est pas des nôtres » (Abû Dawûd, 3124). La résignation, la patience et l'endurance (*Sabr*) sont des voies de consolation. « Ô les croyants ! Cherchez secours dans la patience et la Salât. Car Allah est avec ceux qui sont endurants » (Coran, 2, 153). Le savant perse Nasir al-Din al-Tusi dit à ce sujet au XIIIe siècle : « Le *Sabr* veut dire se retenir de l'agitation lorsqu'on est confronté à des choses indésirables. » La prière du vivant pour le mort peut contribuer à améliorer le sort dans l'au-delà de l'être cher et consoler ceux qui restent.

La mort est une certitude à laquelle le musulman doit se préparer et se résigner ce qui éloigne toute révolte contre la volonté divine : « C'est à Dieu que nous appartenons et c'est à Lui que nous retournons » (Coran, 2, 156).

La mort ouvre à une espérance de vie éternelle : « Toute âme goûtera la mort. Et c'est seulement au jour de la Résurrection que vous recevrez votre pleine rétribution. Quiconque est préservé du Feu et introduit au Paradis a certes réussi. Et la vie présente n'est qu'un bien illusoire » (Coran, 3, 185).

Le paradis, est, là encore, comme pour les autres monothéismes, un jardin. Le Coran le décrit ainsi :

> Dieu introduira ceux qui auront cru en lui et ceux qui auront accompli des œuvres bonnes dans le jardin des Délices. Ils reposeront sur des lits ornés d'or et de pierreries, seront parés de bracelets en or et de perles, et habillés de vêtements en soie.

Ou encore comme ceci :

> Chaque serviteur de Dieu qui entrera au paradis verra un palais précieux se dresser

devant lui à son intention. Ébloui devant tant de magnificence, il se prosternera humblement sur le sol. Un homme se présentera alors à lui en disant : « Je suis l'un de tes gardiens, suis-moi jusque dans ta demeure afin d'y vivre comblé et heureux. Ton royaume est unique. Il te faudra plus de cent années pour le parcourir. Il est si vaste que ton regard ne pourra jamais l'englober d'un seul coup. »

Un peu plus tard, le grand poète perse Al Ghazali précise, dans le *Tabernacle des lumières*, les relations entre le monde des vivants et celui de Dieu où vivent les âmes des justes :

> Comparé au Royaume céleste, le monde matériel est comme l'écorce pour le noyau ; comme les ténèbres par rapport à la lumière ; comme le bas vis-à-vis du haut. C'est pourquoi le Royaume céleste est également nommé monde supérieur, monde spirituel, monde lumineux, en opposition au monde matériel, qui est dit être un monde plus sombre.

On retrouve aussi dans l'islam, comme dans presque toutes les autres religions, l'idée d'un Jugement dernier des âmes. Au le XIIIe siècle, dans *Le Livre de l'homme parfait*, le penseur soufi persan Azizoddin Nasafi précise les conditions de ce jugement :

> Après la mort, c'est la nature de l'âme humaine qui décide de son chemin dans les mondes de l'au-delà. L'âme humaine qui a évolué vers la perfection retourne vers les âmes du monde supérieur quand elle se sépare du corps. Une âme peu évoluée reste pour un temps ou à jamais sous la sphère de la Lune, dans les Enfers.

Moyen Âge européen : la consolation par le doute

Pendant les premiers siècles du deuxième millénaire, le discours sur la consolation en Europe chrétienne reste fondé sur les mêmes principes que pendant le premier millénaire du christianisme. Sinon qu'il prend parfois une tournure plus personnelle : on ose parler de soi et de ses chagrins intimes. En 1132, le clerc Abélard, aux portes de la mort, après une vie de violence, de foi, d'amour et de souffrance, ayant tout perdu, en particulier l'amour de sa vie et mère de son enfant, Héloïse, écrit une *Historia calamitatum*, connue en français sous le titre *Histoire de mes malheurs.* Il s'agit d'une sorte d'autobiographie, plaidoyer pour expliquer ses agissements troublés, dans laquelle il affirme, comme les premiers pères de l'Église, que la violence des malheurs et des souffrances vécus sur cette terre, en particulier en raison de sa foi, est la clé d'accès au paradis :

> Prends en consolation ce que le Seigneur a prédit à ses membres : Tous ceux qui veulent vivre pieusement en Jésus-Christ souffriront la persécution [...]. Et puisqu'une divine ordonnance préside à toute chose, que chaque fidèle, au moment de l'épreuve, se console par la pensée qu'il n'est rien que la souveraine bonté de Dieu laisse accomplir en dehors de l'ordre providentiel.

Citant L'Épître aux Romains de saint Paul, Abélard ajoute : « Nous savons que tout concourt au bien de ceux que Dieu aime. » Pour lui, il n'y a rien à attendre d'une consolation terrestre. Il s'ensuit une longue correspondance avec Héloïse, qui, elle, ne se contente pas de cette espérance : elle est déjà dans une recherche de consolation humaine et leur correspondance ne semble n'être, dans toutes ses ambiguïtés, qu'une tentative de consolation réciproque de la terrible sentence qui les sépare.

D'autres, en Occident, pourtant, commencent à ne pas se contenter d'une espérance divine ; ils remettent en cause les croyances les mieux établies : que deviennent vraiment les morts ? peut-on véritablement croire au paradis ? au Jugement dernier ? Les enfants morts avant d'être baptisés risquent-ils l'enfer alors qu'ils n'ont pas fauté ? Ainsi, dans un chant du XIIe siècle, un père demande au prêtre :

> Quelle région habite, à cette heure, l'âme de ma fille ? [...] Je sais qu'un voile impénétrable dissimule à nos yeux, même à nos pensées, la condition des âmes séparées ; elles semblent être en dehors du temps, de l'espace et du lieu. Mais que sont ces Limbes, puisque, débarrassée des chaînes du corps, l'âme n'obéit plus qu'aux lois de sa nature spirituelle ? [...] J'ai soif, pour moi-même et pour ma compagne, de savoir s'il est dans notre malheur une pensée consolante qui puisse adoucir notre morne désolation.

Le prêtre répond, impitoyable, que le destin des enfants morts non baptisés est le même que celui d'Adam, banni après le péché originel :

> La déchéance d'Adam, après son péché personnel, a passé, comme un triste héritage, à tous ses descendants [...]. Seuls ceux qui sont rachetés par le baptême verront la face du Dieu vivant et les adorables mystères de son essence.

Pour rendre cela plus tolérable, se forge l'idée de purgatoire, lieu nouveau, entre le paradis et l'enfer, où les âmes n'ayant à se reprocher aucun péché mortel, mais n'étant pas celles de Justes, comme celle des enfants, sont condamnées à y attendre le jugement dernier. Bien que Rome s'y oppose et que l'université de Paris réprouve cette idée en 1240, elle se répand dans toute la chrétienté parce qu'elle fournit l'espérance d'une indulgence divine, en même temps qu'une réduction des privilèges des Justes.

La religion est toujours là, consolatrice, pour donner du sens au monde et empêcher la révolte contre Dieu et les puissants.

Au même moment, un théologien dominicain rhénan, qui connaît un immense succès, Maître Eckart, présente encore la mort comme la porte d'entrée dans un monde parfait, jubilatoire. Il écrit, dans le *Livre de la divine consolation*, à l'intention de « ceux qui ne sont pas instruits » : « Sache que les amis de Dieu ne sont jamais laissés sans consolation, car ce que Dieu veut est leur consolation suprême, que ce soit consolation ou absence de consolation. »

Au début du XIVe siècle, en 1336, le pape Benoît XII condamne de nouveau l'idée de purgatoire, preuve qu'elle continue de se répandre dans toute la chrétienté. Au même moment, Isidore de Séville, Thomas d'Aquin et Jean de Mandeville pensent encore que le jardin d'Éden existe vraiment et qu'il est « quelque part en Orient ». Ce sera bientôt un des grands moteurs de voyages de découvertes qui commencent alors.

La grande peste en 1348, qui tue le tiers des habitants de l'Europe, amène à repenser le rapport à la mort et à la consolation. Comment Dieu, ou le Christ, a-t-il pu laisser se dérouler une telle catastrophe ? L'a-t-il voulue ? Et pourquoi ? La consolation qu'apporte la religion est remise en cause de plus en plus sérieusement.

Deux décennies plus tard, le conteur populaire gascon Antoine de La Sale tente, dans le *Réconfort de Madame de Fresne*, de consoler une mère de la mort de son fils, non pas en lui parlant du paradis où l'enfant serait accueilli, comme le ferait l'Église, mais en lui racontant la mort encore plus cruelle d'un enfant pris en otage, en lui conseillant de ne pas s'attacher aux choses terrestres, et en lui annonçant que l'esprit de son enfant va revenir bientôt pour demander à sa mère de ne pas pleurer « pour que son linceul puisse sécher ».

L'Église fait encore tout pour que les tombeaux et les cimetières ne deviennent pas des lieux de recueillement. Elle explique qu'on n'a aucune raison d'y aller prier : le mort n'est plus là, puisque Dieu l'a repris. Exceptions : Westminster, Saint-Étienne-du-Mont, la basilique Saint-Denis, et d'autres églises en Italie, qui recueillent les restes de puissants qu'on vient honorer.

La Renaissance : la consolation pour la raison

La Renaissance et le baroque renouvellent spectaculairement la vision du paradis, qui devient peu à peu plus abstrait, symbolique. On le représente dans les coupoles de majestueuses cathédrales : la première, par l'architecte Filippo Brunelleschi, pour la cathédrale de Florence en 1436, fait sensation. Celle de Saint-Pierre de Rome, à la fin du siècle suivant, où siège une image du paradis, culmine à 143 mètres. Pourtant, l'Église insiste encore : le paradis terrestre existe aussi bel et bien.

Luther, quant à lui, rejette toute interprétation allégorique du paradis terrestre : il soutient qu'il a réellement existé, mais concède qu'il a sans doute disparu, submergé lors du Déluge. Pour lui, l'immortalité de l'âme reste absolument établie mais la grâce divine est inconnaissable et elle peut être accordée ou refusée, sans un Jugement dernier. La religion chrétienne sous toutes ses formes est toujours là, consolatrice, pour donner du sens au malheur et empêcher la révolte contre Dieu et les Puissants.

Au même moment, à Rotterdam puis à Gouda, le chanoine Érasme, grand latiniste et ami de Luther, revient à la conception grecque et romaine : la consolation est impossible, sinon par la résignation à la raison. Dans un texte d'une incroyable modernité, il tance avec sévérité un ami en grande souffrance après un deuil :

> Vous, pourquoi vous tourmenter ainsi, languir ainsi ? Pourquoi enfin vous désespérer, vous consumer en larmes ? Cela adoucira-t-il le mal, plutôt que de l'exacerber ? Pourquoi vous lamenter si pitoyablement sur ce qui ne peut être changé ? Qu'en est-il, à l'heure qu'il est, de votre fermeté d'âme, qu'en est-il de votre

culture, qui vous servait d'ordinaire à soulager la souffrance des autres ? Vous avez su guérir les autres, mais à vous-même vous n'avez été d'aucune utilité. Vous devez maintenant être votre propre médecin. Pourquoi vous épuisez-vous vainement en larmes, et pourquoi épuisez-vous vos amis par vos plaintes ? Qu'est-ce que cette impuissance, qu'est-ce que cette mollesse ? Avez-vous oublié que vous êtes un homme ? Cela vous pèse-t-il tant ? Comme si ce n'était jamais arrivé qu'à vous seul, ou que c'était d'une telle ampleur, que quelque chose de bien pire n'a pas pu arriver à d'autres. Qu'y a-t-il de plus indigne de votre courage et de votre savoir, que d'être tourmenté, brisé, abattu, à un point où même une femme ne saurait l'être ? Je ne vois pas, en effet, quel profit peuvent vous apporter des larmes vaines et des plaintes. Car, si vous estimez votre mal tel que vous ne puissiez plus redevenir bien portant, pourquoi redoublez-vous cet inconvénient par votre chagrin ? S'il y a un espoir, pourquoi ne vous appuyez-vous pas sur lui, et ne faites-vous pas ce qu'il faut pour échapper à ces maux dès que possible ? Si vous désespérez, songez que dans une telle situation le courage diminue le mal de moitié. Mais si vous espérez, pourquoi vous minez-vous comme si la situation était désespérée ? On me dit que vous êtes dans de tels tourments que le chagrin en arrive à égarer votre esprit. Mais, au nom de Dieu ! Que voulez-vous ? Pourquoi ne vous endurcissez-vous pas plutôt, et ne vous préservez-vous pas pour des jours meilleurs ? Pourquoi augmentez-vous le chagrin de vos amis, comblez-vous de plaisir vos ennemis, et vous laissez-vous aller d'une manière si indigne ?

Au même moment, les explorateurs portugais, sévillans, vénitiens et génois se lancent sur la mer, en théorie pour trouver le paradis terrestre, même si leurs buts réels sont beaucoup plus mercantiles. Christophe Colomb pense l'avoir localisé à l'embouchure de l'Orénoque parce qu'il y trouve une énorme quantité d'eau douce en pleine mer. À moins, écrit-il, qu'il ne soit en amont du fleuve, dans la forêt ou à une grande altitude.

De moins en moins de gens croient au paradis et à l'enfer, sinon métaphoriquement. Mais rien ne vient encore les remplacer comme force consolatrice.

Livre de raison, lettre de consolation, oraison

Au début du XVIe siècle, en Occident, le concile de Trente précise l'organisation des obsèques dans l'Occident chrétien. Et, là encore, le deuil structure toutes les autres formes et occasions de consolation. Le deuil s'ouvre encore, comme depuis quinze siècles, par la constatation de la mort, la toilette mortuaire, l'annonce publique du décès (par le glas, strictement codifié selon l'âge et le sexe du défunt) puis la veillée funèbre où on récite le chapelet et on chante le *Salve Regina*. À la levée du corps, le prêtre l'asperge d'eau bénite et chante le psaume 129, le *De profondes*, puis le *Miserere*. Le convoi funèbre emmène le corps, suivi des proches, à l'église, où une messe est célébrée « pour implorer la grâce d'une bonne mort ». La messe est parfois, si cela est financé par les parents du défunt, accompagnée d'une indulgence plénière et d'une bénédiction papale. Le corps est ensuite conduit, toujours en procession, au cimetière. Pendant les trajets du domicile à l'église puis au cimetière, les passants se signent et se découvrent. Ces déplacements symbolisent la « déambulation de l'âme ». Ils font aussi office d'annonce du décès. Puis, après les funérailles, où l'on chante le *In Paradisum*, vient la mise en terre, suivie d'un repas funéraire.

On chante ensuite une absoute aux services du 3e, du 7e et du 30e jour et lors de tous les anniversaires annuels, si c'est financé.

Le noir devient la couleur du deuil, à la place du blanc pour les femmes et du violet pour les hommes. Le deuil se clôt, au bout d'un temps soigneusement réglé, par la levée des interdictions et le retour à la vie sociale normale : on distingue les « grands deuils », d'un an ou davantage (le conjoint, le père, la mère, les sœurs, les frères, les enfants et leurs alliés), et les « deuils ordinaires », d'une dizaine de jours à trois mois, pour les parents éloignés (oncles et tantes, cousins).

Même si, au début du XVIIe siècle, le théologien jésuite Francesci Suarez écrit encore dans ses *Opera omnia* : « La doctrine catholique est que le paradis que Dieu planta au début est un lieu terrestre et que tout ce qui a été dit de sa création doit être entendu au sens propre et littéral », cela ne suffit plus à consoler les vivants. Pour beaucoup de gens, il n'y a plus de paradis terrestre ; et on doute aussi beaucoup de l'existence d'un paradis quelconque.

Nous sommes à un tournant : la raison menace de tout emporter et de détruire les fondements mêmes de la foi.

Par ailleurs, on ne se recueille pas encore sur les tombes dans les cimetières.

Alors, comment se consoler ? Comment consoler ? Le christianisme ne semble plus apporter de réponse convaincante. S'ouvre alors, en Occident, une période très dangereuse pour l'Église. Aussi, là où elle domine encore, elle invente, en connivence avec le pouvoir « politique », trois nouvelles formes de consolation : les livres de raison, les lettres de consolation et les oraisons funèbres.

D'abord, le livre de raison, dans lequel un chef de famille transmet, par un court récit, rédigé sous le contrôle strict de l'Église, l'histoire de sa vie aux générations suivantes, et quelques principes moraux à suivre, pour consoler ceux qui restent, s'assurer d'une transmission correcte de la renommée et des titres de propriété et préserver l'influence de l'Église dans la conduite des affaires financières et matrimoniales de la famille. En l'écrivant, le mourant se console aussi lui-même et façonne l'image qu'il veut laisser aux autres. On trouve d'abord de tels livres en Bourgogne, puis partout dans l'Europe chrétienne, et même dans d'autres pays, par exemple au Japon.

Apparaît ensuite la lettre de consolation ou de commisération, qui trouve sa source dans les textes de Sénèque, d'Épictète, de Plutarque et d'autres auteurs latins, et dont on a déjà rencontré un exemple chez Érasme. Ainsi Montaigne, dans les *Essais* (« De la diversion », III, II), conseille ceux qui ont à consoler quelqu'un d'un deuil :

> Il faut aider leur discours et favoriser leur plainte, et en témoigner quelque approbation et

> indulgence. Par cette intelligence vous gagnez crédit à passer outre, et, d'une facile et insensible inclination, vous vous coulez aux discours plus fermes et propres à leur guérison.

Un peu plus loin, dans le même livre, il commente la *Lettre de consolation de Plutarque à sa femme*, dont il a été question plus haut et dont il connaît la traduction par son ami La Boétie ; il note que cette lettre est structurée autour de quelques thèmes qu'il conseille à ses contemporains de reprendre, pour écrire une lettre de consolation : d'abord, faire preuve de commisération et comprendre la douleur causée par la perte de l'être cher (*amplificatio*), puis favoriser l'apaisement (*lévitas*), et enfin exhorter au courage et à la vertu (*exhortatio*). On retrouve ces principes depuis l'Antiquité la plus ancienne dans toutes les civilisations.

Au XVIIe siècle, des livres expliquant comment écrire de telles lettres de consolation et connaissent un immense succès. Le Flamand Juste Lipse et le Français Pierre Charron proposent ainsi des modèles de telles lettres, pour celui qui sait lire et écrire, en reprenant les arguments stoïciens de Sénèque et Épictète, qu'on a revus plus tard chez Érasme : consoler est impossible ; le chagrin est naturel ; tout éloge du défunt est inutile. Ils expliquent comment écrire de telles lettres :

> Le mieux qu'on puisse faire en ces occasions, est de faire des lettres de consolation fort courtes : car pour en écrire de raisonnables, il ne faut simplement que témoigner à la personne à qui l'on écrit la part que l'on prend à sa douleur, sans aller faire de longues plaintes ou de grands éloges. Ces lettres ne doivent pas parler du corps, sinon comme « des cendres, ou des os » ; elles doivent réprimer toute douleur excessive, signe de manque de politesse. Il faut rappeler que la vie est sans valeur, que notre corps est misérable, vivant sur une terre misérable, qu'il ne mérite pas de larmes ; et que la mort l'en libère. Enfin, la mort est naturelle (« Le premier mouvement de notre vie est celui-là même de notre mort ») ; elle est nécessaire et touche tous les humains. Il faut donc se résoudre à ne pas chercher de remède à ce qui n'en a point, et à ne pas chercher à se consoler.

Ces lettres reprennent les sept thèmes des lettres romaines : l'assurance de sympathie ; l'éloge du défunt ; l'éloge du destinataire ; les raisons d'espérer le salut du défunt ; la nécessité de se réjouir de la mort qui est un bien pour le défunt ; le devoir de limiter l'affliction ; et le devoir de soumission aux décrets divins.

En 1607, François de Malherbe écrit *La Consolation à M. du Périer sur la mort de sa fille* : « Connaissant l'état de ta fragilité, fonde en Dieu seulement, estimant vanité tout ce qui ne te rend plus savant et plus sage ».

En 1620 Théophile de Viau écrit, dans une lettre de consolation : « Arrête donc ces pleurs vainement répandus ; Laisse en paix ce destin que tes douleurs détestent ; il faut, après ces biens que nous avons perdus, sauver ceux qui nous restent ».

Françoise de Mitry écrit dans *Consolation à l'impératrice régnante sur la mort de l'Archiduc d'Autriche son Fils* : « Que l'amour cède à la raison ;/ Le mal qui n'a point de remède/ Ne doit avoir qu'une saison. »

Un peu plus tard vers 1640, un conseiller au parlement de Paris, Guillaume Le Rebours, écrit dans une lettre de *Consolation funèbre à Madame la Maréchale de Fervaques sur la mort de Monseigneur de Laval son fils*, mort dans une bataille en Hongrie contre les Turcs :

> Les Grecs, nation autrefois la mieux apprise, la plus civile et la plus vertueuse, aux funèbres actions des morts, se montraient presque insensibles aux coups de la douleur, se contentant (pour tout signe de chagrin) de se revêtir d'une robe blanche et de s'environner la tête de guirlandes et de festons, comme pour marcher en la pompe de quelque triomphe, sachant bien que c'était affaire aux Égyptiens, Assyriens, Perses, peuples rudes et grossiers, à se souiller d'ordure, à s'infecter de fange, à s'épandre négligemment les cheveux, à se couper la barbe, à se tordre les bras, déchirer les habits. Imitez, Madame, la sagesse de ces Grecs. D'ailleurs le temps viendra à bout du sentiment le plus violent ; et la raison peut aider à le contrôler.

Au même moment, apparaît dans l'Europe chrétienne un troisième genre littéraire de consolation : « l'oraison funèbre », d'abord réservée aux rois, puis aux puissants, puis à la noblesse ; puis, très rarement, à la bourgeoisie.

L'oraison funèbre, prononcée en général en chaire par un religieux au moment des obsèques, est fondée sur des principes totalement différents de la lettre de consolation : au lieu de prendre acte de l'impuissance devant le chagrin, et de se contenter de faire l'apologie de la résignation quelles que soient les vertus du défunt, l'oraison funèbre glorifie le chagrin et revient aux fondamentaux de l'Église.

Les oraisons sont en fait des actes politiques autant que religieux : on va bientôt en prononcer en toute occasion : lors des obsèques ; dans tous les lieux où le défunt a séjourné, aux services anniversaires, et, s'agissant du roi ou de la reine, dans toutes les églises et tous les couvents du royaume, devant les parlements et les universités. La consolation se confond alors avec la propagande.

Une des premières oraisons non monarchiques est prononcée en 1585 à la mort de Ronsard par Jacques Davy du Perron, prélat, diplomate et poète baroque. C'est un éloge fervent et détaillé du défunt, louant le poète de l'amour et le poète chrétien.

L'oraison connaît alors un immense développement. En 1602, François de Sales, aristocrate savoyard devenu évêque, compose une oraison funèbre pour les obsèques du prince Philippe-Emmanuel de Lorraine, duc de Mercœur, dans laquelle le défunt demande aux fidèles de ne pas s'affliger de sa disparition :

« Si vous avez des larmes, gardez-les pour pleurer vos péchés et les malheurs de votre siècle. »

En 1610, pour la mort d'Henri IV, Pierre Fenouillet, « prédicateur ordinaire » du roi et évêque de Montpellier, plaint la destinée de ce « pauvre peuple », abandonné sans guide : « Hélas ! Ô grand Dieu redoutable en vos jugements, vous avez brisé l'image de notre félicité contre le cercueil de notre prince. » Il prononcera en 1643 celle de Louis XIII.

En 1655, à Paris, le jeune Blaise Pascal, tout à son mépris envers les puissants et leurs pompes, note cette phrase ravageuse : « Peu de choses nous consolent parce que peu de choses nous affligent. »

La même année, à Metz, un jeune prêtre venu de Dijon, Jacques Bénigne Bossuet, prononce sa première oraison funèbre pour Yolande de Monterby, abbesse des Bernardines au monastère du Petit-Clairvaux. Il rappelle que la consolation des vivants ne vient qu'avec l'espérance en l'immortalité des disparus. Dans une langue magnifique, il écrit :

> Ainsi n'attendez pas, Chrétiens, que je ne vous représente aujourd'hui ni la perte de cette

maison, ni la juste affliction de toutes ces dames, à qui la mort ravit une mère qui les a si bien élevées. Je vous demande seulement que vous appreniez de l'abbesse (pour laquelle nous offrons à Dieu le saint sacrifice de l'Eucharistie) à vous servir si heureusement de la mort qu'elle vous obtienne l'immortalité. C'est par là que vous rendrez inutiles tous les efforts de cette cruelle ennemie.

Trois ans plus tard, toujours à Metz, le même Bossuet prononce l'oraison funèbre d'Henry de Gournay, comte de Marchéville ; on y retrouve les accents de Blaise Pascal, son contemporain : l'horreur de la mort, de la vanité, de la richesse et de la gloire ; avec la foi comme seule espérance :

Il se voit peu d'hommes assez insensés pour se consoler de leur mort par l'espérance d'un superbe tombeau, ou par la magnificence de leurs funérailles. Tout ce que peuvent faire ces misérables amoureux des grandeurs humaines, c'est de goûter tellement la vie, qu'ils ne songent point à la mort. La mort jette divers traits dans toute la vie par la crainte ; le dernier est inévitable.

Il décrit « ce gouffre infini du néant, où l'on ne trouve plus ni rois ni princes ni capitaines, ni tous ces autres augustes noms qui nous séparent les uns des autres, mais la corruption et les vers, la cendre et la pourriture qui nous égalent ».

En 1662, à Paris, alors qu'y meurt Blaise Pascal, Jacques-Bénigne Bossuet prononce l'oraison funèbre du père Bourgoing, ancien supérieur général de l'ordre de l'Oratoire. Il y dit l'importance, pour être sauvé, de croire en Dieu bien avant l'ultime moment, et de ne rien espérer d'une conversion ultime :

> Pour mourir de la mort des justes, vivez, mes frères, de la vie des justes. Ne soyez pas de ceux qui diffèrent à se reconnaître quand ils ont perdu la connaissance ; et qui méprisent si fort leur âme qu'ils ne songent à la sauver que lorsqu'ils sont en danger de perdre leur corps ; desquels on peut dire véritablement qu'ils se convertissent par désespoir plutôt que par espérance.

En 1666, dans son oraison prononcée lors des funérailles de la reine Anne d'Autriche, un jeune oratorien, Fromentières, fixe les règles du genre que Laurent Juillard, abbé du Jarry, résumera un peu plus tard : la déploration (expression de la « douleur publique » face à la disparition) ; l'éloge du défunt ; l'instruction des fidèles (pour « inspirer le mépris du monde et l'amour de la vertu par leurs exemples » et transmettre les leçons tirées d'agonies édifiantes, destinées à rappeler aux chrétiens la réalité de la mort et à les instruire de l'art de bien mourir) ; enfin, utiliser le prétexte de l'oraison pour évoquer des problèmes d'actualité et défendre le point de vue de l'Église (l'organisation de la justice, la lutte contre les duels, la politique à l'égard des protestants, la position de la France à l'égard de l'Angleterre, de l'Autriche, de la Turquie).

Le 30 juin 1670, dans son oraison la plus universelle, pour la mort d'Henriette d'Angleterre, Bossuet rassemble ses arguments :

> Je veux dans un seul malheur déplorer toutes les calamités du genre humain, et dans une seule mort faire voir la mort et le néant de toutes les grandeurs humaines… Chrétiens, songeons à nous-mêmes. Qu'attendons-nous pour nous convertir ? Commencez aujourd'hui à

> mépriser les faveurs du monde ; et toutes les fois que vous serez dans ces lieux augustes, dans ces superbes palais à qui Madame donnait un éclat que vos yeux recherchent encore, toutes les fois que, regardant cette grande place qu'elle remplissait si bien, vous sentirez qu'elle y manque, songez que cette gloire que vous admiriez tant faisait son péril en cette vie, et que dans l'autre elle est devenue le sujet d'un examen rigoureux où rien n'a été capable de la rassurer que cette sincère résignation qu'elle a eue aux ordres de Dieu, et les saintes humiliations de la pénitence.

Enfin, en 1684, vingt ans avant sa mort, Bossuet écrit et prononce l'oraison funèbre d'Anne de Gonzague, fille du duc de Mantoue, devenue princesse palatine, grande pécheresse, mêlée à toutes les fêtes, toutes les aventures et les frondes de son temps, où il explique comment la mort démasque l'ambition et l'orgueil : « La grandeur et la gloire ! Pouvons-nous encore entendre ces noms dans le triomphe de la mort ? Seule la foi peut offrir le salut. »

Les gens du peuple, eux, n'ont pas droit à de telles oraisons ; ils doivent se contenter d'entendre la lecture de prières, de messes et de manuels de consolation, pour que leur chagrin ne dérive pas en révolte contre Dieu, contre l'Église ou contre le roi.

Ainsi, en 1697, dans un petit ouvrage de consolation intitulé *La Vie des veuves*, qui connaît un énorme succès, un prêtre, Jean Girard, prieur de Villethierry, auteur par ailleurs prolixe, explique que les veuves doivent se garder de tout excès dans la douleur, sinon « elles imiteraient les infidèles, elles sembleraient douter de la résurrection future, et elles résisteraient aux ordres de la Providence ». L'état de veuve oblige toujours, explique-t-il, à la retraite, à la continence, pour mettre la douleur « à l'abri du monde » et attendre « comme le malade au repos, l'adoucissement de leur peine » ; et pour ne pas « oublier trop tôt le disparu », « elles auront Dieu lui-même pour protecteur ».

La consolation des Lumières : le progrès comme substitut au paradis

Le paradis terrestre est définitivement introuvable ; les travaux de Copernic, Kepler, Galilée et la fin de l'exploration des terres semblent établir que ni le Ciel ni la Terre n'abritent un paradis. L'espérance en la résurrection des morts n'est pas non plus une réponse suffisante. Les lettres de consolation, les livres de raison, les oraisons funèbres ne consolent plus les vivants ni ceux qui s'apprêtent à mourir. La Renaissance a fait resurgir les penseurs grecs et latins qui osaient affronter la mort sans artifice. Les peuples grondent.

En France, les philosophes des Lumières remettent en cause la crédibilité de la création du monde telle que la décrit la Genèse. Retrouvant les intuitions de Blaise Pascal, ils démontrent que l'histoire de la Terre et celle de l'humanité sont nécessairement bien plus longues que ne le prétend la Bible. On ne peut plus espérer en un paradis définitivement perdu ni en une hypothétique résurrection.

En 1710, à Hanovre, Gottfried Wilhem Leibniz, dans ses *Essais de théodicée sur la bonté de Dieu, la liberté de l'homme et l'origine du mal*, en tire les conséquences et sépare le discours philosophique sur la consolation du discours chrétien. Pour lui, les malheurs de l'homme, et en particulier le fait qu'il soit mortel, participent de la dynamique du cosmos, dont l'espèce humaine ne constitue qu'une infime partie. La consolation devant la mort suppose alors de donner une signification historique au malheur, de l'arracher à l'absurdité du destin individuel de chacun et de faire partager à ceux qui sont en deuil une aspiration à un avenir meilleur pour l'humanité : le progrès social commence à apparaître comme un substitut au paradis ; on retrouvera cette idée dans la pensée socialiste du siècle suivant.

Leibniz ajoute, dans *De l'origine radicale des choses* :

> De même que le grain jeté dans la terre souffre avant de fructifier, on peut dire, en somme, que les afflictions, temporairement mauvaises, sont bonnes par leur effet, comme seraient des raccourcis vers une plus grande perfection.

Le mal, source du bien. Marx et Nietzche ne diront rien de plus.

Au même moment, certains cherchent d'autres moyens non religieux de se consoler d'un chagrin. À Berlin, Georg Wilhem Hegel, dans *Introduction à l'esthétique*, distingue trois moyens d'y faire face : pleurer, parler de sa douleur avec des amis et écrire ses pensées pour faire du lecteur un interlocuteur privilégié de ses peines. Au même moment aussi, Kant, dans *La Religion dans les limites de la simple raison*, explique que la religion n'est qu'une forme institutionnalisée et superflue des mécanismes de consolation.

Et puisque la consolation ne passe plus par l'espérance de l'immortalité, il faut, pour rendre le néant tolérable, créer les conditions d'une autre présence des morts : le cimetière remplace alors le paradis. Partout en Europe, il se substitue au jardin d'Éden dans l'imaginaire collectif. Le cimetière n'est plus là simplement pour organiser le retour du cadavre à la Terre (selon l'image chrétienne du grain de blé enfoui et germant en terre, laissant espérer des moissons futures) ; il est là pour que les vivants puissent continuer de côtoyer leurs défunts. Malgré les interdits de l'Église, qui entend maintenir, comme depuis dix-huit siècles, la démarcation entre sacré et profane, et prétend toujours interdire de prier sur les tombes, les cimetières deviennent peu à peu des lieux de consolation : c'est sur une tombe que l'on vient maintenant se souvenir, se recueillir, prier, se consoler. Les morts y résident ; les vivants peuvent aller les y voir, leur parler, prier pour eux et avec eux.

On détruit en premier les anciennes nécropoles, sous prétexte d'hygiène ; de nouveaux cimetières apparaissent. Ils prennent l'allure de jardins, où des mausolées disent la fortune de la famille qui s'y retrouve. D'abord en Angleterre, lieu de naissance de l'individualisme moderne, puis ailleurs en Europe, le cimetière rural, toujours placé derrière l'église, s'ouvre au public, avec des tombes visibles, individualisées, de plus en plus fastueux ; les parents et amis viennent s'y recueillir régulièrement. En Europe continentale, les cimetières urbains deviennent des parcs où les tombes, qu'on nomme maintenant caveaux, s'ornent de monuments de plus en plus somptueux, signes de la richesse des familles ainsi rassemblées dans un au-delà commun.

En 1780, pour des raisons de salubrité, l'empereur germanique Joseph II prescrit le remplacement des cercueils par des sacs funéraires. En France, en 1785, est décidé, pour les mêmes raisons et sans que personne ne s'en offusque, la destruction brutale d'un vieux cimetière utilisé depuis les Mérovingiens pour y enterrer les inconnus de la morgue, les noyés, les pauvres : le cimetière des Innocents, sur l'emplacement de l'actuelle rue Pierre-Lescot, dans le quartier des Halles de Paris, est détruit. En quinze mois, deux millions de squelettes sont déterrés et rassemblés dans les actuelles catacombes. Et comme nul ne rendait jamais visite aux morts enterrés aux Innocents, ce déménagement se fait sans aucun trouble. Peu de gens comprennent à l'époque que la destruction du cimetière des Innocents est aussi le premier acte de la destruction de l'Ancien Régime.

La consolation
par la fréquentation des cimetières

L'histoire de la consolation permet ainsi de comprendre la Révolution française comme la conséquence d'un manque : ni le roi, ni l'Église, ni la noblesse, ne peuvent plus consoler le peuple de ses malheurs, de sa misère, de ses morts, de ses chagrins. Et le peuple se révolte pour rechercher, dans d'autres utopies, la consolation et l'espérance nécessaires. Pour les satisfaire, les révolutionnaires inventent le culte de l'Être suprême et interdisent aux membres du clergé antérieur de continuer à gérer la mort : en 1792, la Convention défend ainsi aux prêtres et aux confréries d'assurer l'assistance et la prière aux défunts, l'accompagnement des convois funèbres et la mise au tombeau.

On continue d'utiliser les obsèques des puissants comme un instrument de propagande. Mais les enterrements publics et solennels ne concernent plus seulement les hommes de pouvoir, à l'image de ce qu'étaient sous l'Ancien Régime les obsèques des princes et des monarques à Saint-Étienne-du-Mont, à la basilique Saint-Denis ou à Westminster. Ils concernent désormais des intellectuels symbolisant les principes révolutionnaires et les nouveaux héros de la légende nationale. En France, le Panthéon, construit sous Louis XV pour être une église, est détourné par la Révolution qui en fait un monument aux grands hommes. Le premier à y être enterré, en 1791, est Honoré-Gabriel Riqueti de Mirabeau.

En 1799, Lucien Bonaparte, ministre de l'Intérieur et frère du futur empereur, organise un concours en vue de construire de nouveaux cimetières en ville. On les pense cette fois explicitement comme des lieux de promenade, des villes des morts, symétrique des villes des vivants ; des lieux où les vivants viendront se consoler de la perte de leurs proches. Un peu plus tard, par le décret-loi du 23 prairial An XII, la « législation funéraire » du Premier

Empire impose de construire tous les cimetières hors la ville, et en particulier d'en bâtir dans chaque ville au moins un qui soit laïc et multiconfessionnel. Ainsi sont construits en France, *extra-muros* : le Père-Lachaise (en 1804), puis Passy (en 1820), Montparnasse (en 1824) et Montmartre (1825).

Peu à peu, ces cimetières deviennent des lieux essentiels à la vie, des lieux sereins, où le peuple aime à venir se promener, même s'il n'a pas de proches à visiter. Les architectes des cimetières mettent l'accent sur le « droit de cité des défunts » et la qualité patrimoniale de ces lieux de souvenir. « Chaque membre du petit peuple de Paris aime à visiter les cimetières avec sa famille [...] c'est sa consolation dans ses jours de détresse » (Philippe Ariès, *L'Homme devant la mort*).

En 1860, l'exode rural et la croissance des villes poussent au déplacement de cimetières qui occupent des terrains très convoités par les urbanistes, ce qui déclenche une vague de protestation. Quand une telle décision est prise à Paris, un disciple d'Auguste Comte, le docteur Robinet, proteste dans *Paris sans cimetière* :

> L'homme prolonge au-delà de la mort ceux qui ont succombé avant lui [...] il continue de les aimer, de les entretenir après qu'ils ont cessé de vivre et il institue pour leur mémoire un culte où son cœur et son intelligence s'efforcent de leur assurer la perpétuité.

Pour lui, Paris sans cimetière « ne serait plus une ville et la France serait décapitée ».

Mais les nouveaux cimetières sont, eux aussi, en quelques décennies, rejoints par l'extension de la ville. On renonce parfois à les déplacer et on se contente d'en construire de nouveaux : Saint-Ouen en 1872, Bagneux et Pantin en 1886.

Le deuil, en Occident, et le processus de consolation, s'ouvrent encore, comme depuis des siècles, par la constatation de la mort, l'annonce publique du décès, la toilette mortuaire, la veillée funèbre ; le convoi funèbre continue de parcourir les rues des villes (de la maison à l'église, puis au cimetière) ; puis viennent les funérailles, la mise en terre et le repas funéraire. Le deuil se clôt, au bout d'un temps soigneusement réglé, par la levée des interdictions et le retour des proches à la vie sociale normale. Les habits de deuil restent noirs, mais deviennent progressivement moins voyants. Par ailleurs, les obligations de réserve des veuves s'allègent peu à peu. Comme à chaque époque, les évêques s'adaptent à l'évolution du temps et ajustent leur culte des morts aux pratiques nouvelles ; ils prônent maintenant le recueillement régulier des proches devant les tombes comme s'ils l'avaient toujours défendu, alors qu'ils s'y sont opposés pendant dix-sept siècles. Un évêque écrit : « C'est pour Lui [Jésus] une consolation de voir de quels soins religieux les nations civilisées entourent la cendre des morts, et dans ce culte de la tombe il trouve un gage assuré du respect que la religion inspire pour la vie des hommes. »

Commence aussi la pratique des annonces mortuaires dans la presse, qui y trouve une source significative de revenu.

La mort cesse peu à peu, au moins en Occident, d'être surtout une affaire religieuse ; l'Église perd le contrôle de la consolation ; le paradis et l'enfer ne suffisent plus. L'individu prend de l'importance et se fait connaître, vivant puis mort. Les médecins commencent à jouer un rôle essentiel. Ils soignent, expliquent, parfois guérissent, accompagnent le mourant, préparent et consolent les survivants, autrement que les prêtres.

Le romantisme : le chagrin comme un ami

La fréquentation des cimetières fait de la mort et du chagrin des amis. En littérature, le romantisme s'approprie ce thème. Les poètes allemands posent les règles : le mort n'a pas disparu. Il vit ailleurs et autrement. Rilke pose en principe : « meurs et deviens », qu'il nomme aussi « tendre vers l'ouvert ». Il écrit ces lignes saisissantes sur notre finitude dans les *Sonnets à Orphée* :

> Devance tous les adieux, comme s'ils étaient derrière toi, ainsi que l'hiver qui justement s'éloigne.
> Car parmi les hivers il en est un si long
> qu'en hivernant ton cœur aura surmonté tout.

La mort devient un sujet littéraire majeur, comme en témoigne le poème de Baudelaire, intitulé « La mort des pauvres » :

> C'est la Mort qui console, hélas ! et qui fait vivre ;
> C'est le but de la vie, et c'est le seul espoir
> Qui, comme un élixir, nous monte et nous enivre
> Et nous donne le cœur de marcher jusqu'au soir ;
> À travers la tempête, et la neige, et le givre,
> C'est la clarté vibrante à notre horizon noir ;
> C'est l'auberge fameuse inscrite sur le livre,
> Où l'on pourra manger, et dormir, et s'asseoir ;
> C'est un Ange qui tient dans ses doigts magnétiques
> Le sommeil et le don des rêves extatiques,
> Et qui refait le lit des gens pauvres et nus ;
> C'est la gloire des dieux, c'est le grenier mystique,
> C'est la bourse du pauvre et sa patrie antique,
> C'est le portique ouvert sur les Cieux inconnus !

En 1856, dix ans après la mort de sa fille, Hugo rédige les *Contemplations* dans lesquelles défilent tous les stades du deuil, du chagrin, de la consolation : « Peut-être est-il utile à vos desseins sans nombre que des êtres charmants s'en aillent, emportés par le tourbillon sombre des noirs événements. »

Ce recueil, guidé par le chagrin, laisse aussi place à l'espoir, dans le poème intitulé « À Villequier » :

> Je dis que le tombeau qui sur les morts se ferme
> Ouvre le firmament ;
> Et que ce qu'ici-bas nous prenons pour le terme
> Est le commencement

Un peu plus tard, sur la tombe de la fiancée de son fils, Hugo prend acte de la présence, autre, de ses chers disparus : « La beauté de la mort, c'est la présence. Présence inexprimable des âmes aimées, souriantes à nos yeux en larmes. L'être pleuré est disparu, non parti. » Ils sont là autrement.

Pourtant, en cette dernière partie du XIXe siècle, rien de cela ne suffit à bien des gens. Ainsi, la reine Victoria, bouleversée par la mort en 1861 de son mari, le prince Albert, après vingt et un ans de mariage, ne supporte pas de vivre sans lui ; elle s'isole et refuse de remplir les devoirs de sa charge. Six ans après la mort de son mari, elle écrit encore dans ses *Carnets* :

> L'apaisement de ce violent chagrin fut bien long à venir [...]. Ces paroxysmes de désespoir, de nostalgie et de désirs insatisfaits, cette aspiration de tous les instants vers la mort [...] ne me laissèrent pas un instant de répit au cours des trois premières années.

Comme beaucoup de gens de son époque, elle rassemble, dans un album nommé *Consolatium*, des pensées qu'elle estime consolantes, glanées dans des poèmes de Novalis, de Goethe, de Heine, avec des extraits de lettres reçues, des passages de sermons, des réflexions personnelles. Quand l'archevêque de l'Église anglicane se permet de le lui reprocher et de lui rappeler ses devoirs de reine, en lui écrivant : « Dorénavant, vous devez vous rappeler que c'est le Christ lui-même qui sera votre mari », la reine note, violemment, dans ce cahier : « Voilà ce que j'appellerais des fadaises… Comment ces gens sauraient-ils réconforter les autres et instruire quiconque ? »

Pour combler ce vide spirituel, socialement intolérable, que laisse surgir le discrédit de la foi, se développent aux États-Unis, en France et en Grande-Bretagne, de nouvelles espérances d'immortalité, cette fois à prétention scientifique.

D'abord, la médecine, en qui chacun espère une réponse à la douleur, pour consoler mieux, et à la mort, pour la retarder. Le médecin remplace ainsi de plus en plus le prêtre auprès des malades et des mourants. Il console, accompagne, fournit des moyens de calmer les douleurs et les chagrins. Il est encore, à cette époque, très largement impuissant, mais il incarne une véritable espérance dans une réponse à venir.

Ensuite, le projet socialiste, qui pose en principe l'espérance en l'immortalité d'une nation, ou d'une classe sociale qui se serait débarrassée de ceux qui l'exploitent. Et on peut lire le marxisme comme un appel à la révolution consolatrice, qui permet d'espérer une réponse à l'absurdité de la mort par le dépassement des malheurs du passé et la revanche des exploités.

Enfin, apparaît aussi, exactement au même moment, une troisième forme de consolation à prétention rationnelle : le spiritisme, qui prétend démontrer que les âmes sont immortelles, qu'elles restent au voisinage des vivants après la mort, et qu'on peut communiquer avec elles par un « dialogue contrôlé ». Cela conduit même à la mise au point en 1847 d'un « télégraphe spirite » avec un système de langage codé, pour converser avec les défunts. Un peu plus tard, une adepte américaine de cette théorie, Rosemary Brown, transcrira plus de quatre cents partitions qui lui auraient été dictées par les esprits de Chopin et de Liszt... Elle écrit dans *En communication avec l'au-delà* : « Nos existences sur terre pourraient devenir plus heureuses si les gens savaient qu'elles ne sont qu'un préliminaire à la merveilleuse vie d'après la mort. » En 1860, le Français Allan Kardec, qui deviendra immensément célèbre, fait de nouveau de la réincarnation, dont il prétend démontrer scientifiquement la réalité, la forme ultime de la consolation. En 1863, Pierre Larousse accepte le mot « réincarnation » dans son *Grand dictionnaire universel du XIXe siècle* : « Ce néologisme, de forme correcte, sinon élégante, a été mis en circulation par le spiritisme et adopté même par la langue philosophique. Il désigne le fait, considéré comme authentique dans les écoles spirites de nos jours, que la même âme, le même esprit, s'incarne tour à tour aux différents corps. » Un peu plus tard encore, la Russe Helena Blavatsky reprend la même idée, à partir, elle, de la pensée hindouiste et bouddhiste et propose le terme de « métempsychose » pour désigner la réincarnation ; elle fonde à New York en 1875 la Société théosophique, publie l'*Isis dévoilée* puis part s'installer en Inde, près de Madras, où elle fonde un centre qui va prendre beaucoup d'ampleur et aura une influence jusque sur Gandhi.

Mais la théosophie ne prend pas ; nul n'est dupe. Un peu plus tard, le poète belge Maurice Maeterlinck écrira, dans *La Mort*, qu'il est « fort regrettable que les arguments des théosophes et des néospirites ne soient pas péremptoires ; car il n'y eut jamais croyance plus belle, plus juste, plus pure, plus morale, plus féconde, plus consolante et, jusqu'à un certain point, plus vraisemblable que la leur [...]. Mais la qualité d'une croyance n'en atteste pas la vérité. »

Pendant ce temps, les funérailles nationales de grands hommes restent partout l'occasion de cimenter l'unité d'une nation et un instrument de propagande politique. Ainsi, deux ans après celles de Léon Gambetta, celles, extraordinaires, de Victor Hugo viennent émouvoir les foules et les consoler de la fin d'une époque, celle de la grande puissance française. Bien qu'il ait demandé dans son testament « d'être porté au cimetière dans le corbillard des pauvres », l'auteur des *Misérables* est enterré le 1er juin 1885 au Panthéon, après dix-neuf discours et une procession de six heures depuis l'Arc de triomphe, suivie par plus de trois millions de personnes soit plus d'un Français adulte sur dix. Chacun veut accaparer le grand homme, dont l'œuvre et l'action politique constituent la colonne vertébrale de l'identité française, et l'expression du meilleur de son génie populaire.

Au début du XXe siècle en France et ailleurs en Occident, les deuils s'allègent encore : on distingue maintenant les « grands deuils » d'un an (le conjoint, le père, la mère, les sœurs, les frères, les enfants et leurs alliés) et les « deuils ordinaires », d'une dizaine de jours à trois mois, pour les parents éloignés (oncles et tantes, cousins).

La consolation par le progrès : médecine et psychanalyse

Face au chagrin, il ne reste plus que la résignation ou la révolte. Et la révolte commence à passer par la science et l'espérance en la guérison. C'est d'ailleurs dans le refus de se contenter de la consolation que se situe la source du progrès : si je ne me résigne pas à me contenter d'être consolé, je dois me battre contre la source de mes malheurs. Contre la résignation, je choisis le progrès ; contre la mort, je choisis la médecine ; contre la pénibilité du travail, je choisis des outils ; contre la dictature, je choisis la révolution.

À l'aube du XXe siècle, le progrès est de plus en plus une espérance consolatrice.

Le médecin commence à concurrencer le prêtre. De plus en plus souvent, le médecin reste près du mourant pendant son agonie et tente d'atténuer ses douleurs physiques ou morales. Faute de moyens, il donne de l'opium aux plus riches et ment à tous. Peu à peu, il devient un peu plus capable de retarder la mort et de réduire les douleurs. Une belle mort devient une mort sans douleur, sans recours aux saints sacrements. La définition de la mort évolue, du cœur vers le cerveau. On commence aussi à s'intéresser médicalement à l'agonie, sans la réduire au moment où l'âme quitterait le corps. L'espérance de vie à la naissance commence à s'élever.

Mais le médecin demeure encore extrêmement démuni et impuissant : très peu de maladies sont à sa portée. Et moins encore la douleur. La mort des enfants comme celle des femmes en couches restent aussi probable qu'elles l'étaient pendant les millénaires antérieurs. La médecine fait pourtant d'immenses progrès, en particulier au moment des guerres, qui se multiplient et sont de plus en plus ravageuses.

Une autre voie s'ouvre alors à la consolation, qui se veut, comme le reste de la médecine, thérapeutique : celle de la psychanalyse.

En 1915, alors que les Européens s'entredéchirent, un médecin viennois, Sigmund Freud, écrit *Considérations actuelles sur la guerre et sur la mort*. Pour lui, la mort d'un proche est équivalente à la perte d'une partie de soi :

> Nous enterrons avec lui nos espoirs, nos exigences, nos jouissances ; nous ne nous laissons pas consoler et nous nous refusons à remplacer celui que nous avons perdu. Nous nous comportons alors comme un Asra, ces êtres qui suivent dans la mort ceux qu'ils aiment.

Pour lui, les rites funéraires, qui visent à prendre acte de la mort, constituent une manière d'écarter ce désir, conscient ou inconscient, d'accompagner le défunt dans la mort ; ils organisent le deuil et permettent de « mettre la mort de côté », d'éviter de penser au suicide et à la perspective de notre mort à venir.

> Notre propre mort ne nous est pas représentable […] personne au fond, ne croit à sa propre

> mort ; ou, ce qui revient au même, dans l'inconscient, chacun de nous est persuadé de son immortalité.

Pour Freud, chacun refuse de considérer le chagrin comme une maladie :

> Il ne nous vient jamais à l'idée de considérer le deuil comme un état pathologique et d'en confier le traitement à un médecin, bien qu'il s'écarte sérieusement du comportement normal. Nous comptons bien qu'il sera surmonté après un certain laps de temps, et nous considérons qu'il serait inopportun et même nuisible de le perturber.

Pour lui, il faut justement passer par l'inconscient pour nous débarrasser de ces fausses croyances, dépasser le chagrin, nous consoler, remplacer la foi dans l'organisation de la consolation et de la maîtrise du chagrin, en le considérant comme une maladie dont on peut guérir par ce qu'il nomme le « travail de deuil ».

En 1917, il commence à théoriser ce concept dans *Deuil et Mélancolie*. Le deuil ne concerne pas seulement la perte d'un proche, explique-t-il, mais aussi la perte d'une patrie ou d'un idéal : « Le deuil est la réaction à la perte d'une personne aimée ou d'une abstraction mise à sa place, la patrie, la liberté, un idéal, etc. [...] C'est un processus inconscient de symbolisation, qui permet d'acquérir la capacité de supporter la tristesse et de redécouvrir le plaisir et la joie de vivre ». Il décrit alors les diverses étapes de ce « travail du deuil », qui commence comme un véritable « cataclysme intérieur » : état d'esprit douloureux ; perte de l'intérêt pour le monde extérieur ; perte de la capacité de choisir un nouvel objet d'amour ; abandon de toute activité qui n'est pas en relation avec le souvenir du défunt. Celui qui est en deuil veut d'abord retrouver l'objet aimé ; puis il réalise que celui-ci n'existe plus et qu'il faut renoncer à toute implication affective avec lui. C'est alors « l'épreuve de la réalité », qui permet de dépasser le deuil, de s'en consoler : « Un laps de temps est nécessaire pour exécuter dans ses moindres détails l'ordre imposé par l'épreuve de la réalité et, en accomplissant ce travail, le moi parvient à libérer sa libido de l'objet perdu. » Cette « épreuve de la réalité » est en général extraordinairement pénible. Et puis, si le moi a achevé le travail du deuil, il redevient libre. S'il a échoué, il continue de refuser la réalité et maintient l'objet aimé comme accessible, par une psychose hallucinatoire de désir ; l'échec de ce travail de deuil provoque alors la mélancolie.

Mais la Grande Guerre, puis les ravages de la grippe espagnole, renvoient l'Occident à la banalité de la mort et à sa barbarie. Plus rien ne console. Beaucoup de corps restent sans sépulture. Pour consoler, on construit dans chaque village des monuments aux morts avec tous les noms et on choisit un « soldat inconnu » pour apaiser ceux qui n'ont pas retrouvé le corps des leurs.

La médecine fait alors d'immenses progrès ; le médecin prend toute la place du consolateur, pendant que la psychanalyse continue de réfléchir à sa façon à la cause profonde du deuil. En 1939, Mélanie Klein, psychanalyste britannique, elle aussi d'origine autrichienne, ajoute dans *Le Deuil et ses rapports avec les états maniaco-dépressifs* que l'épreuve de la réalité dans le deuil reproduit en fait les chagrins de la toute première enfance, et d'abord le premier d'entre eux, le sevrage. Selon elle, chaque fois que quelqu'un éprouve un deuil, il revit le souvenir du sevrage, première perte, premier manque, avec les mêmes angoisses, le même sentiment de culpabilité, les mêmes afflictions et le même sentiment de persécution :

> Le renforcement des sentiments de persécution dans le deuil est d'autant plus douloureux que les relations amicales qui pourraient être si secourables dans ces circonstances sont interdites par l'accroissement de la méfiance et de l'ambivalence.

Comme le travail de deuil de Freud, le sevrage de Klein ne se limite pas à la mort d'un être cher : tout chagrin, même bénin, revient à revivre, à « réactiver » son sevrage lorsqu'il était enfant :

> Toute douleur provoquée par une expérience malheureuse a quelque chose de commun avec le deuil, quelle que soit la nature de cette expérience : elle réactive toujours la position dépressive infantile. Le fait d'affronter et de surmonter l'adversité entraîne un travail mental semblable à celui du deuil.

Celui qui a du chagrin se sent parfois responsable de la perte de l'objet de son amour, ce qui peut le conduire à une dépression névrotique/obsessionnelle, susceptible de mener à l'autopunition, voire au suicide. Pour y échapper, la personne en deuil ou en manque doit admettre l'idée que l'être perdu n'était pas parfait. Les larmes sont bienvenues. Elles permettent de chasser les mauvaises pensées :

> Par ses larmes, celui qu'un deuil a frappé ne se contente pas d'exprimer ses sentiments et de soulager ainsi une tension ; dans l'inconscient, les larmes étant assimilées aux excréments, celui qui est en deuil expulse en pleurant ses « mauvais » sentiments et ses « mauvais » objets.

Avec la Seconde Guerre mondiale et la Shoah, la consolation devient encore moins possible. Trop de morts sans sépulture. Stefan Zweig en a conclu qu'aucune consolation n'était possible et que le suicide était la seule voie possible. Peut-on faire oublier aux survivants et aux parents des disparus de la Shoah leurs remords d'avoir survécu ? Peut-on les consoler ? Plus généralement, comment consoler tous ceux qui ne peuvent se recueillir sur la tombe de leurs proches ? Pas de corps. Pas de tombe. Comment faire son deuil ? Pourquoi avoir survécu si l'être cher est parti ? Beaucoup d'écrivains, de philosophes et psychanalystes se sont confrontés à ces questions. Pour le philosophe allemand Paul Louis Landsberg, devenu professeur à Barcelone et converti au christianisme, c'est la mort qui est coupable car elle est « quelque chose comme le sentiment d'une infidélité tragique... de même qu'il y a une expérience de la mort dans le ressentiment de l'infidélité » (*L'Essai sur l'expérience de la mort*). Arrêté à Pau et déporté, Landsberg mourra en 1944, à quarante-trois ans, en déportation au camp d'Oranienburg.

En 1952, l'écrivain suédois Stig Dagerman écrit à vingt-sept ans un court essai plein d'espoir qu'il intitule : *Notre besoin de consolation est impossible à rassasier.* Il se donne la mort deux ans plus tard. « La mort est la gaffe suprême de l'existence », répondra Vladimir Jankélévitch dans *Penser la mort.*

La consolation par le marché : pompes funèbres, assurances et distractions

À partir du milieu du XXe siècle, le monde tout entier cherche dans la frénésie de la consommation une consolation à l'absurdité de la vie et à la monstruosité des massacres. La société devient une machine à produire de la solitude pour qu'elle engendre un désir de consommation, comme forme unique de la consolation de toute peine ou chagrin.

Cette marchandisation de la consolation est facilitée par la laïcisation de la société : la mort n'ouvre plus sur rien. Il est de moins en moins question de l'après-vie, ou de l'après-mort. Les gens se rendent de moins en moins souvent sur les tombes, qui ne sont plus des lieux de consolation. On se contente d'exister, et rien d'autre. On accumule des objets, on consomme pour se prouver qu'on est vivant ; et en particulier on accumule des choses dont l'usage prend du temps, pour se prouver à soi-même qu'on ne pourra pas mourir avant de les avoir utilisées. La machine capitaliste réussit aussi, en particulier par la publicité, à faire de la consommation le moyen cardinal de la consolation aux ramifications infinies.

Ce n'est pas nouveau. C'est juste devenu paroxystique et cela élimine les autres modes de consolation. De tout temps, on l'a vu, l'argent est présent dans toutes les formes de la consolation : de tout temps, les riches croient se protéger de la mort en mangeant, en buvant, en accumulant des objets, des esclaves, des palais, des propriétés. De tout temps, la consommation, au-delà du nécessaire, nous console. De tout temps, des gens ont été rémunérés pour organiser des funérailles et pour consoler de la façon la plus somptueuse possible.

Aujourd'hui, cette frénésie de consommation est partout ; y compris dans la gestion des funérailles. Des entreprises de pompes funèbres proposent des cérémonies de plus en plus diversifiées, sur catalogue, et fournissent clés en main : annonces, cercueil, incinération, embaumement, convoi, salon funéraire, cérémonie laïque, musique, textes, cimetière, caveau, etc.

Des firmes proposent aussi des cérémonies laïques en remplacement des cérémonies religieuses, avec des temps de recueillement, de la musique et un maître de cérémonie.

L'Église catholique cesse de vouloir s'opposer à ces évolutions et le concile Vatican II prend acte de ces évolutions en abandonnant aux laïcs l'organisation des obsèques. Le cortège funèbre n'est plus une procession ; le port de vêtements de deuil n'est plus obligatoire ; le cérémonial ne met plus l'accent sur le Jugement dernier.

La cérémonie funéraire à l'église ne se termine plus par l'absoute, qui était destinée à guider le mort vers le paradis, mais par une « célébration de l'adieu », au cours de laquelle chacun des proches est invité à s'exprimer pour évoquer la personnalité du défunt ; où des poèmes laïcs, des chants profanes peuvent être choisis et entendus.

Les morts font parfois leur propre oraison funèbre, qui est ensuite diffusée lors de leurs funérailles, ou sur un réseau social, à destination de tous, parfois avec des messages ravageurs.

Le tabou chrétien de l'incinération (le feu est la « mort du mort » et empêche sa résurrection) s'efface. En France, en 1993, la loi Sueur élargit le champ d'intervention des pompes funèbres privées à des services de prévoyance funéraire, d'assistance après-décès, de dispersion des cendres. Le mot d'ordre d'une de ces entreprises est même : « Être à votre écoute et vous rendre acteur des funérailles ». Autrement dit, on vous console à l'avance de votre mort en vous faisant participer à la préparation de vos funérailles. En 2023, 40 % des cérémonies d'obsèques sont civiles au Royaume-Uni et en Allemagne, 32 % en France, moins de 10 % en Italie, Espagne et Portugal.

Le marché s'insinue ainsi de plus en plus dans la gestion de la douleur et du chagrin. Non seulement en prenant en charge l'organisation des funérailles, mais aussi en proposant une compensation matérielle du dommage que représentent une maladie, un deuil, une mort.

Là encore, ce n'est pas nouveau. L'assurance transforme le chagrin en dommage et le manque en perte. Elle finance la compensation matérielle de la perte du revenu d'un membre d'une famille, de l'impossibilité de financer les études des orphelins. Elle compense même la douleur morale (et pas seulement la perte financière) d'un licenciement, d'une maladie, d'un deuil, par des soins, par des indemnités.

On ne peut pas encore s'assurer contre les chagrins d'amour ou les désillusions de toutes natures, mais on n'en est pas loin ; tous les types de dépressions ou de troubles psychiques découlant de ces chagrins se voient déjà proposer des services privés de consolation sous forme de conversations avec des psychiatres, des psychologues, des psychanalystes, et de médicaments spécialisés.

Plus généralement, comme de tout temps, les gens tentent de compenser leurs angoisses, leurs chagrins, leurs souffrances, en consommant toutes sortes de sucre, de chocolat, de drogues, d'alcools et mille et une substances.

On pourrait d'ailleurs écrire une histoire de chacune de ces substances, comme des parties de l'histoire de la consolation.

On console aussi de plus en plus par toutes les formes d'art et de spectacle. De fait, comme le pressentait déjà Blaise Pascal, tout est fait pour distraire l'être humain, à chaque instant de la vie, et ne plus jamais lui laisser un instant de solitude, de réflexion, pour penser à sa propre mort ou à celle des autres. Lire, écouter de la musique, voir des films, jouer à des jeux ou pratiquer des sports sont des formes de distraction, d'élévation et de consolation. Ce n'est pas vrai de toutes les lectures, de toutes les musiques, de toutes les formes de distraction. Même les jeux les plus modernes, les jeux vidéos, ne se cachent plus puisqu'on en joue sur des « consoles ».

En particulier les jeux vidéo, qui occupent une part croissante du temps, commencent à poser question, comme l'usage des réseaux sociaux.

Une part significative des dépenses de consolation, de toutes natures, est socialisée ; et une part des dépenses publiques peut aussi être interprétée comme une prise en charge collective du besoin de consolation.

Compenser et distraire. Vieilles ruses, devenues envahissantes, violentes, qui font de la consolation un des nouveaux terrains sur lesquels se joue la bataille entre la gratuité et le marché.

On console enfin, comme depuis toujours, par la vengeance : c'est le « œil pour œil » babylonien, la vendetta italienne, le qanun albanais, grec, turc et tant d'autres. Ne pas laisser le mort seul dans la mort. Ne pas laisser prospérer un chagrin sans l'équilibrer par un autre. Aujourd'hui, cette consolation par la vengeance est encore partout. Dans les guerres de gang, dans les conflits entre tribus, entre clans, entre familles, entre entreprises, entre pays.

Pour éviter que cette violence prolifère en destruction absolue, on a su parfois la maîtriser, la canaliser. En particulier sur un bouc émissaire, qui rétablit la paix par son sacrifice. C'est plus que jamais le cas aujourd'hui. Ceux qui sont considérés comme plus vivants que d'autres, par leur supposé pouvoir ou célébrité, sont les cibles désignées.

La consolation par la négation de la mort

Comme on l'a vu, aucune structure sociale n'est légitime ni durable si elle ne donne pas, ou n'impose pas, un sens à la mort. Et comme nos sociétés sont de moins en moins capables de donner un sens à la mort, elles ont choisi récemment, subrepticement, de tenter de la camoufler.

Même si la mort, le chagrin, les catastrophes sont omniprésents dans les médias et les réseaux sociaux ; même si le spectacle des attentats, des guerres, des souffrances, des morts spectaculaires ou lointaines occupe tous les médias ; on en accepte le spectacle que pour les gens célèbres, les victimes d'accidents spectaculaires, d'actes de terrorisme ou d'opérations militaires.

Même si le spectacle du chagrin, du deuil, de la mort est partout dans l'art ; même si les spectateurs se passionnent, dans les fictions, pour des films d'horreur, ou pour des personnages de médecins légistes, il ne s'agit là, en général, que du spectacle d'une mort abstraite qui n'appelle pas consolation et qui ne sert en rien à consoler les vivants : le spectacle du chagrin des autres, ou de la façon dont il est pris en charge, ne peut suffire à consoler de son propre chagrin.

Aussi, dans les sociétés les plus avancées dans la domination de l'argent, la mort privée, la sienne et celle de ses proches, comme les chagrins les plus intimes, sont de plus en plus masqués, niés, escamotés. Les mourants et les morts les plus proches sont tenus à distance. Ils sont encombrants. On meurt à l'hôpital ; on voit de moins en moins les corps des défunts. Cela continue dans la forme que prend le deuil, de plus en plus caché : il n'y a plus de vêtement de deuil et il n'est pas de bon ton d'imposer son chagrin aux autres. Il devient impoli de faire état d'un deuil.

Les cérémonies funéraires sont de plus en plus furtives, de plus en plus intimes, de plus en plus discrètes. De même, le temps consacré au deuil s'est considérablement raccourci. Il arrivait autrefois qu'on y passe au moins le quart de son année avec contraintes fortes. On n'y consacre plus que quelques heures sans aucune contrainte. Et encore. Les deuils sont de plus en plus brefs, les morts sont vite oubliés et ne ressurgissent qu'à la Toussaint et aux anniversaires.

Avec le Covid, on a connu une exacerbation de cette tendance : un des plus grands scandales de la période du confinement aura été l'impossibilité, dans de nombreux pays, d'accompagner ses proches dans leurs derniers instants, voire même, dans certains pays, d'assister à leurs funérailles.

Chacun s'est promis de tout faire pour que cela ne se reproduise plus ; pour que, plus jamais, ce moment essentiel des relations humaines ne soit escamoté. Et pourtant, il est vraisemblable que cet escamotage accidentel de l'agonie n'est pas un phénomène accidentel, une parenthèse dans l'histoire humaine, mais au contraire une étape de plus dans une mutation vertigineuse, implacable, venue de très loin, on l'a vu, et aux conséquences bientôt hallucinantes.

La consolation par le choix de la mort

De tout temps, le choix du moment de sa mort, le suicide, a été une façon pour chacun d'affirmer sa liberté, de ne pas se laisser dicter son destin par une église ou par un attachement irraisonné à une vie ressentie comme devenue inutile, pesante, absurde ou trop douloureuse. Toutes les Églises s'y sont opposées au motif que la vie n'appartient pas à l'homme, mais à Dieu.

Et pour autant le suicide et la mort choisie gagnent peu à peu du terrain. Ils se veulent aussi consolation de ceux qui restent et qui accompagnent celui qui part, lucidement et sereinement. Même si certains des suicides peuvent être perçus comme des actes de faiblesse de la part de gens incapables, provisoirement ou pas, de faire face à un chagrin, qui oublient leurs responsabilités et qui laissent, par leur départ, des familles entières dans le chagrin et la misère morale ou matérielle.

Le suicide, s'il est banni par la plupart des religions, ne l'est pas dans la plupart des législations. Quelques pays sont en avance sur d'autres dans ces législations et autorisent le suicide assisté, en cas de douleur insupportable. C'est le cas de la Belgique et de la Suisse. La France, avec la loi Léonetti, a établi un premier cadre que beaucoup voudraient élargir, pour autoriser la mise à disposition de substances létales, dans des cas très encadrés, même si la loi actuelle n'est pas encore vraiment appliquée.

Plus généralement, les ruptures vont devenir de plus en plus aisées, provoquant des réactions parfois de plus en plus violentes de la part de ceux qui les subissent. Pour autant, le chagrin, comme la douleur et la révolte, ne sont pas liés aux formes de la rupture ou de la mort d'un être aimé mais à la rupture ou à la mort elle-même. Choisir sa mort, quitter l'autre ou accepter de l'être peut être pensé comme un acte de liberté partagé, sans pour autant que cela protège du chagrin du manque de l'autre.

Au bout du compte, l'exercice de la liberté de mourir ou de partir n'est pas, en lui-même, une forme suffisante de la consolation.

La consolation, demain

Pendant des siècles encore, si l'humanité survit jusque-là, la vie restera furtive ; une rupture sentimentale restera intolérable ; la perte d'un être cher sera insupportable ; les grandes peines demeureront immuables ; la raison d'être de l'humanité restera impénétrable. On devra toujours chercher à se consoler d'une douleur, d'une rupture, d'une déception, d'un accident de vie, d'une guerre, de catastrophes naturelles, de maladies, de la mort, de la disparition d'une civilisation, d'espèces animales et végétales ; et même de la perspective de la disparition de l'espèce humaine.

Demain, si tout demeure tel, le spectacle de la mort des autres continuera de rappeler à chacun sa propre finitude. Tous les rituels du passé continueront de coexister avec des formes nouvelles qui, progressivement, prendront partout le pas : les dernières traces de rituels multimillénaires de consolation tenteront de se maintenir dans un univers de plus en plus envahi par la distraction et la compensation.

On se consolera encore en priant des dieux, en honorant des ancêtres, en embrassant des vivants, en les prenant dans nos bras, en pleurant, en criant, en parlant ou en faisant silence, en écrivant, en lisant, en se soignant, en écoutant de la musique, en allant au musée, au théâtre, au cinéma, à des concerts ; en voyageant, réellement ou artificiellement. Les compagnies d'assurances privées ou publiques compenseront (et consoleront) du moindre des dommages, des chagrins, des douleurs, contre des primes ; les humains et les sociétés continueront de se perdre dans le jeu, le sucre, le chocolat, l'alcool, les drogues ; on recherchera des sensations de plus en plus fortes.

Dans ces sociétés devenues hypermodernes on imposera à chacun de se contenter de vivre au mieux, de réussir sa vie, de ne pas se plaindre, et de mourir discrètement ; chacun sera de plus en plus indifférent au chagrin de l'autre. La désarticulation des familles, l'obsession de l'instant, l'égoïsme, le culte du soi, l'indifférence au passé y trouveront leur source, leur conséquence et leur paroxysme.

Dans une telle société, dont les signes sont déjà présents dans le quotidien d'aujourd'hui, dès que quelqu'un sera considéré comme irréversiblement perdu, il sera isolé, retiré du monde des vivants dans des maisons spécialisées et accompagné vers la mort par des professionnels. Et comme il faudra que les morts escamotés ne viennent pas encombrer les vivants, leurs cendres seront rangées dans des crématoriums généraux, d'abord ouverts aux visites des familles, et qui finiront par ne plus l'être.

Pourtant, comme toujours, rien ne sera alors plus terrifiant, plus destructeur de l'ordre social, que la certitude de mourir seul et d'être oublié. Et beaucoup de ceux qui auront escamoté la mort de leurs proches, voudront malgré tout en conserver une image vivante ; ou laisser une image vivante d'eux-mêmes.

Un nouveau marché apparaîtra, apparaît déjà : on verra se développer des lieux virtuels où le défunt parlera, à jamais, à ceux qui sont encore vivants. On maintiendra, on maintient déjà, en activité leurs réseaux sociaux. On vendra aux vivants la mise en forme virtuelle des traces laissées par les disparus. Grâce aux données accumulées dans leurs conversations, leurs vidéos, leurs écrits, analysées par des intelligences artificielles de plus en plus performantes, les morts pourront continuer à répondre à leurs mails et à envoyer des messages sur les réseaux sociaux. Déjà, HeafterAI propose de parler avec des défunts. On saura un jour ce que le disparu aurait pensé de tel ou tel événement nouveau qu'il n'aura pas vécu. Cela sera vrai non seulement des humains, mais des animaux de compagnie, dont on voudra conserver l'image à l'infini.

Un peu plus tard, dans pas très longtemps, les disparus mèneront une vie virtuelle, sous forme d'hologrammes, participant à la vie des vivants ; d'une façon d'abord sommaire, puis de plus en plus sophistiquée et réaliste.

Cela sera financé par ceux des vivants qui voudront conserver la présence de leurs proches ; ou par les disparus eux-mêmes, qui auront consacré une partie importante, sinon la totalité, de leur héritage à des fondations, dont la fonction unique sera de maintenir la présence virtuelle de leurs créateurs.

La gestion de cette après-vie deviendra un secteur économique à part entière ; le disparu deviendra un objet marchand parmi d'autres. Pour certains, la vie se passera même pour l'essentiel à préparer leur après-vie en transmettant leurs données à un hologramme dont ils financeront la pérennité dans une débauche d'énergie.

Au lieu de l'immortalité de l'âme, on cherchera aussi celle des données et, plus que jamais, celle du corps, par la médecine, la génétique et le numérique. Le transhumanisme, qui donne à croire que devenir immortel est possible à courte échéance, viendra, comme une nouvelle religion, rassurer les plus puissants, qui se verront comme les premiers clients de cette industrie future de l'immortalité. Le comble de cette artificialisation du vivant, en marche depuis l'aube de l'humanité, sera alors de transformer l'être humain en un artefact avec des prothèses mécaniques, puis électroniques, puis numériques, puis biologiques, puis génétiques.

Jusqu'à produire des êtres humains comme des artefacts. Avec l'idée, plus ou moins explicite que, à la différence des humains, les artefacts ne sont pas mortels, et que la meilleure façon de ne pas avoir à se consoler c'est d'éliminer la mort, en devenant des artefacts.

Cauchemar ? Peut-être. Perspective vraisemblable, cachée dans les profondeurs du réel ? Certainement. Refuser de l'admettre, considérer ce scénario comme improbable, c'est justement participer à l'accélération de l'escamotage de la mort et de la vie, en niant même à quoi elle peut conduire. C'est rendre plus difficile encore le fait de l'éviter.

Et pourtant, c'est possible, en défendant une éthique de la consolation.

Pour une éthique de la consolation

On pourrait imaginer une civilisation dans laquelle le chagrin, quelle qu'en soit la cause, n'appellerait pas de consolation. Qu'il y soit même nécessaire de la refuser à tout prix. Le chagrin devant être préservé, chéri, parce qu'il serait la meilleure façon façon de se découvrir soi-même, d'honorer celui qu'on a perdu, de ressentir pleinement l'importance de la vie.

De fait, chacun d'entre nous a ressenti, un jour ou un autre, pour une raison ou une autre, futile ou essentielle, la nécessité d'éprouver pleinement un chagrin, pour mieux ressentir la valeur de ce qui fut vécu avec l'autre. Si ceci était général, il ne faudrait pas chercher à combattre les peines, à les réduire, à les atténuer, à en distraire ceux qui en sont les victimes. Et ceux qui tenteraient, ou proposeraient, de consoler devraient alors être vus comme des gêneurs, des intrus, des voyeurs qui disputent à l'inconsolable le seul trésor qui lui reste, celui de vivre sa douleur comme une présence du disparu.

Pourtant, une telle société ne pourrait fonctionner. Parce que, dans la plupart des situations, à commencer par le décès des proches, personne n'éprouve un plaisir à vivre le chagrin : il provoque une douleur insupportable, une sorte de vertige qui entraîne dans un gouffre ; comme un manque d'air, une asphyxie. On ne peut pas alors s'y complaire, ni même rester prostré, sans prendre le risque de mourir. Et aucune société ne pourrait survivre si elle laissait le chagrin, sous toutes ses formes et pour toutes ses causes, sans réponse, ou si la consolation passait, comme ce fut le cas longtemps, par la vengeance de chacun contre tous : une société qui tolérerait le droit de chacun de souffrir et de se venger à sa guise disparaîtrait vite.

La consolation est donc à la fois socialement nécessaire et ritualisée ; elle doit, et devra encore, s'accrocher à des rituels, mis au point par une culture, installés par une civilisation, pratiqués par des spécialistes, à l'efficacité consolatrice établie peu à peu, par l'expérience de nombreuses générations. Des rituels religieux, des pratiques de prière, un soutien moral, des compagnons de douleur, des médicaments, des soins psychiatriques ou psychanalytiques, de la musique ; et, si possible, des compensations matérielles pour supporter la douleur ou la perte.

Lorsque la consolation est ainsi bien organisée socialement, elle libère ; des gens affligés d'une perte qu'ils croient irréversible, par la mort d'un proche ou une rupture, se découvrent, après une période de consolation, libérés du poids d'une présence ou d'un amour trop envahissant ; bien des gens, en général sans se l'avouer, se sentent en réalité, plus ou moins vite soulagés après une rupture ou la mort, du père, de la mère, de l'épouse ou du mari. Et beaucoup d'entre eux, sans l'assumer tout de suite, découvrent progressivement alors une nouvelle liberté. La mort d'un enfant n'ouvre jamais une telle perspective.

La consolation est d'abord une forme d'altruisme intéressé

Qu'est-ce alors, *in fine*, que la consolation ?

Consoler, c'est offrir à l'autre de la compassion par un acte apparemment totalement désintéressé ; il s'agit donc, en principe, d'une forme parfaite d'empathie et d'altruisme. La consolation la plus pure suppose, dans sa perfection, l'amour désintéressé : aimer sans rien attendre, consoler sans rien espérer. Cet altruisme peut conduire à souffrir de la douleur qui affecte l'autre, de sa misère, de sa maladie, et plus généralement, on peut souffrir d'un ordre social injuste qui affecte d'autres que soi.

Une société idéale est alors une société où chacun trouvera sa propre consolation dans celle qu'il apporte aux autres ; où chacun comprendra que la plus grande source du bonheur, c'est le sourire des autres.

Mais une société entièrement composée de gens parfaitement altruistes et désintéressés, où chacun consolerait tous les autres de toute douleur ou de toute peine, sans rien attendre en retour, est évidemment irréaliste.

Dans la vraie vie, le processus du fonctionnement social est en fait une juxtaposition d'actes intéressés ; et consoler est aussi, en général, un acte profondément égoïste. Tout désir de consoler est ainsi consolateur. C'est ce que j'appelle de « l'altruisme intéressé ». Je soutiens un autre pour me parler à moi-même du bien que je suis capable de faire, et du mal que j'ai la chance de ne pas avoir à supporter. Tout consolateur est conduit aussi, d'une certaine façon, à jouir du malheur des autres : rassurer pour se rassurer. Consoler l'autre, c'est aussi se consoler soi-même.

Tout désir de consoler est donc, consciemment ou non, pour ainsi dire égoïste, hypocondriaque et mégalomaniaque : combien de gens, quand ils prétendent consoler un proche, ne parlent-ils que d'eux-mêmes, à travers le récit de leurs relations avec le disparu.

Tel est le défi du moment. Comprendre que l'humanité est d'abord inconsolable de sa propre barbarie. Passer d'une « société d'indifférence » à une « société consolatrice », où chacun sera consolateur de tous les autres y compris de ceux qui ne sont pas encore nés.

Pour une pratique préventive de la consolation

De tout ce qui précède, on peut déduire quelques règles universelles et intemporelles pour une bonne pratique de la consolation.

Le consolateur doit donner du sens au chagrin, le nommer, le rendre tolérable. Et, plus encore, il doit faire en sorte que le chagrin ne dérive pas en colère. Cela passe par l'écoute, la compassion, le contact physique, le partage de larmes et de souvenirs, la tendresse, l'amour, l'amitié, la perspective d'une après-vie, d'une après-mort, le sentiment d'une présence renouvelée et par le fait de donner le désir d'aller de l'avant.

Pour cela, face au chagrin, existeront encore bien des pratiques éthiques de consolation :

La raison, d'abord, console. Elle permet, (comme on l'a vu avec les Grecs, les Romains, Boèce et Érasme) d'assumer que le chagrin est un fait, qu'il faut vivre avec, le supporter et le mettre progressivement de côté, en acceptant la douleur ; et sa disparition.

L'amour console, même des chagrins d'amour : « Un de perdu, dix de retrouvés », dit le proverbe, relativisant ainsi la perte en la considérant comme passagère, et l'être perdu comme remplaçable ; en particulier, la présence et l'amour d'un enfant peuvent consoler de tout chagrin, ou au moins le rendre plus tolérable, en donnant à penser l'avenir.

La musique console : à la fois par l'émotion qu'elle entraîne et par le souvenir qu'elle charrie des émotions ressenties en l'entendant antérieurement. Pour moi, par exemple, rien ne me console mieux de quoi que ce soit que le deuxième *Concerto pour piano n° 2* de Rachmaninov, les *Lamentations* de Couperin, le *Concerto pour clarinette* de Mozart, le trio final du *Chevalier à la rose* de Strauss, et tant d'autres œuvres.

L'écoute console : elle libère la parole de celui qui souffre, lui permet de dire son chagrin, de faire revivre l'être cher s'il s'agit d'un décès ou d'une rupture ; elle permet de débloquer des conflits familiaux, de s'abandonner aussi, parfois. Elle aide celui qui a du chagrin (en particulier le mourant et ses proches) de ne pas s'enfermer dans des regrets et des rancunes, d'aller vers lui-même et de se préparer, ainsi que ceux qui sont avec lui, à un avenir au-delà de la mort. Elle permet de transformer le chagrin en espérance, et d'en faire une occasion d'amour.

La conversation console : parler avec un autre non seulement de son chagrin, de ce qui en est la cause, mais aussi de tout autre chose, aide à reprendre contact avec la vie au-delà de sa douleur, à sentir qu'on n'est pas seul, à découvrir que celui qui est parti sera toujours là. Ceux qui restent doivent apprendre à se mettre à la place de celui qui souffre, quelle que soit la source de son chagrin ; lui dire qu'on le comprend, qu'on partage sa douleur. S'il approche de la fin de sa vie, lui dire que sa vie ne fut pas vaine, qu'il sera toujours là, puisqu'on pensera à lui. Il faudra avoir le courage d'affronter au mieux le moment du départ. Cela commencera par la « reconnaissance de la mort », dans le moment de l'au revoir. Cela continuera par « la présence à l'autre ».

Les gestes consolent : l'imposition des mains, les caresses, les gestes tendres, la main tendue sont une façon de montrer à l'autre qu'il n'est pas seul. Et en soit, ce sont des modes de consolation. Comme le demandait Françoise Dolto, juste avant de mourir : « Une main, une main ! »

L'écriture console : celui qui part peut se consoler, et consoler ceux qui restent, en organisant, par testament, ses funérailles, et leur avenir ; en écrivant ce qui n'a pu être dit ; en apaisant toutes les blessures non cicatrisées ; en transmettant son souvenir aux générations suivantes. Écrire les raisons de sa souffrance, écrire sa vie si on va mourir, en une lettre de raison, écrite pour soi, pour ceux qu'on veut consoler, par celui qui part ou par ceux qui restent. C'est aussi vrai pour un chagrin ou une colère. Souvent, on l'a vu, le chagrin se compare à la colère, il y trouve sa source ou un refuge ; et pour vaincre la colère, il est bon d'écrire des lettres qu'on n'envoie pas. Ainsi

Diderot aimait-il écrire des lettres vengeresses, à Rousseau ou à Voltaire, après avoir ressenti une grande douleur ou une grande colère. Des lettres qu'il n'envoyait pas.

La littérature console : d'abord quand elle parle explicitement de la mort, comme tous les textes cités ici et tant d'autres dont celui-ci de Blaise Pascal dans ses *Pensées* :

> Le dernier acte est sanglant, quelque belle que soit la comédie en tout le reste. On jette enfin de la terre sur la tête, et en voilà pour jamais.

Ensuite, quand elle met en scène des parents qui pleurent leurs enfants, des fils qui pleurent leur mère ou des amants inconsolables, comme dans *La Princesse de Clèves* ou les textes de Dante, de Pétrarque, de Shakespeare. Et tant d'autres romans de *Tristan et Iseult* à la *Lettre à ma mère* d'Albert Cohen, de *La lettre de ma mère* de Vassili Grossmann jusqu'au magnifique *J'ai réussi à rester en vie* de Joyce Carol Oates. Enfin, quand elle se veut source de chagrin pour le lecteur, qui accompagne le chagrin des héros : combien de larmes ont été versées sur les malheurs d'Oliver Twist ou ceux de Cosette ! Chagrins imaginaires et consolateurs, par leur nature même.

La nature aussi, console : en ce qu'elle donne à voir la beauté du monde, son immuabilité, son renouvellement et la force de la vie. Bien des écrivains ont raconté avoir été consolés par le spectacle de la nature. C'est même tout l'objet du romantisme, et c'est aujourd'hui une des grandes causes de chagrin : la menace de la disparition de la nature. L'« écoanxiété », c'est la douleur anticipée de la dégradation de ce qui est encore une source de consolation.

Le religieux console : en expliquant que toute maladie, toute souffrance, tout chagrin sont des épreuves imposées par Dieu, par le destin ou par la grâce ; que la mort n'est pas la fin de l'esprit, mais la fin d'une illusion, celle du corps ; en affirmant que les disparus sont heureux en un paradis ; ou qu'ils sont encore là, invisibles près des vivants ; ou encore qu'ils seront réincarnés ou ressuscités. La prière console aussi en elle-même, indépendamment de sa finalité religieuse parce qu'elle est une occasion de méditer, et de parler à un interlocuteur supposé capable de tout entendre.

Le cérémonial funéraire console : quelle que soit la foi ou l'absence de foi qui le fonde, ce cérémonial vise encore aujourd'hui, lorsqu'il existe, à assurer le meilleur passage du défunt vers l'au-delà et à consoler ceux qui restent. Il fait encore, comme depuis des millénaires, de la mort un seuil, un passage, une transmutation, une métamorphose.

Les lieux de méditation consolent : rien n'est plus consolateur pour moi qu'un moment dans une abbaye cistercienne en Bourgogne, un temple du Bhoutan, une mosquée au Caire, un temple à Kyoto, etc.

La société peut consoler, en indemnisant les pertes, en prenant à sa charge les études et le soutien des orphelins.

La distraction, enfin, console en ce qu'elle permet de ne pas penser aux soucis du monde, à la douleur, à la mort elle-même. Depuis le spectacle et la pratique d'une activité artistique, quelle qu'elle soit, jusqu'aux jeux vidéo, en passant par les réseaux sociaux, le chocolat, l'alcool et les milliers de drogues disponibles. Les unes élèvent l'esprit. Les autres le détruisent. Certaines distractions poussent au dépassement de soi. D'autres à l'abandon.

On touche là à l'essentiel : la consolation peut conduire à se résigner à la souffrance. Ou au contraire au dépassement de soi et à refuser la douleur, le chagrin et la mort, en trouvant des façons de les combattre.

On peut alors voir la consolation comme une apologie de la résignation et un obstacle au progrès, sous toutes ses formes, scientifique, technique, social, politique. Et si la société n'offre pas de moyens pour ses membres de se consoler des imperfections de l'ordre social, elle est menacée. C'est en cela que la consolation est souvent un préalable à la résignation et un obstacle au progrès. Et son refus est vu comme le principal moteur du progrès humain.

Alors, face aux chagrins personnels inévitables et aux menaces qui pèsent sur l'humanité et sur la vie même, ma ligne de conduite morale est de ne jamais me contenter de consoler ou d'être consolé. C'est même de tout faire pour empêcher que ces menaces se réalisent ; c'est de tout faire pour prévenir la rupture, la maladie, la catastrophe et la douleur. Et c'est, sans attendre que cela soit la fin, de dire aux autres humains et au reste du vivant qu'on les aime, c'est ce que je nomme « la consolation préventive ».

Au lieu de chercher des règles pour se consoler au mieux d'une rupture, d'un chagrin, d'un échec, de la mort de quelqu'un qu'on aime, et au lieu de faire des éloges funèbres de gens à qui on n'a jamais vraiment parlé, il faut prendre soin des autres avant même qu'ils aient du chagrin ou que leurs disparitions soient pour nous nous une source de chagrin. Il faut leur dire le plus souvent possible qu'on les aime ; les consoler avant même qu'aucun chagrin ne les frappe et avant que la consolation ne soit nécessaire, sans rien en attendre en retour. Il faut agir pour éviter une rupture plutôt que de s'en consoler. Il faut se révolter, se battre, bien avant d'avoir à consoler. Se battre contre la maladie et la douleur par la médecine et la science ; contre la misère par la politique ; contre la ruine de la nature ; contre la barbarie de l'homme ; contre la menace de disparition de la nature, de l'humanité, de la vie.

La consolation n'est pas la meilleure réponse au chagrin. Elle n'est que celle, nécessaire, de l'impuissance assumée. Le grand virage vers l'économie de la vie et vers une société d'altruisme absolu constitue une bien meilleure réponse.

Et comme, quoi qu'il arrive, une telle utopie de ne sera jamais suffisante, que l'homme ne réussira jamais à prévenir vraiment la douleur, la perte et la mort, quand la douleur est advenue, quand la rupture est consommée, quand la mort a pris un ami, il reste l'espérance : « Meurs et deviens », dit Rilke.

Remerciements

Pour réfléchir à ces questions, j'ai dialogué depuis des décennies avec des théologiens, des thérapeutes, des écrivains, des ethnologues et surtout avec des gens qui ont, d'une façon ou d'une autre, vécu des chagrins extrêmes. À l'été 2010, quelques-unes de ces conversations sont devenues, grâce à Stéphanie Bonvicini, journaliste, et Gilles Davidas, réalisateur, un programme de France Culture puis un livre, dont l'introduction était une première version de ce texte.

On peut m'écrire à j@attali.com.

Bibliographie

Pierre ABÉLARD, *Lamentations. Histoire de mes malheurs, correspondance avec Héloïse*, XIIe siècle.

SAINT AUGUSTIN, *Soliloquia* (vers 386-387) : dialogue avec la Raison sur le malheur de l'homme qui trouvent leur résolution dans la connaissance du Bien véritable et de Dieu.

Marie-Frédérique BACQUÉ (dir.), *Mourir aujourd'hui. Les nouveaux rites funéraires*, Odile Jacob, 1997.

Raymond BAUSTERT, *La Consolation érudite. Huit études sur les sources des lettres de consolation de 1600 à 1650*, Tübingen, Gunter Narr Verlag, 2003.

Bruno BERTHERAT (dir.), *Les Sources du funéraire en France à l'époque contemporaine*, Avignon, Éditions universitaires d'Avignon, 2015.

BOSSUET, *Oraisons funèbres*, éd. Jacques Truchet, Garnier, 1998.

Jean-François BOUDET (dir.), *Les Rites et usages funéraires : essais d'anthropologie juridique*, Aix-Marseille, PUAM, « Droits & religions », 2019.

Frank BURBAGE et Nathalie CHOUCHAN, « Fragment cité. Est-ce que la vie continue ? », in J. Attali et S. Bonvicini, *La Consolation*, Naïve, 2012.

Geneviève CALAME-GRIAULE, *Ethnologie et langage. La parole chez les Dogon*, Gallimard, 1965 ; 2e éd. Institut d'ethnologie, 1987.

Juliette CAZES, *Funèbre ! Tour du monde des rites qui mènent vers l'autre monde*, Éditions du Trésor, 2020.

Pierre CENTLIVRES et Jacques HAINARD (dir.), *Les Rites de passage aujourd'hui*, actes du colloque de Neufchâtel 1981, Lausanne, L'Âge d'Homme, « Cheminements », 1986.

Jean-Baptiste CHASSIGNET, *Mépris de la vie et consolation contre la mort*, sonnet CXXV, 1594 : « Mortel pense quel est dessous la couverture ».

Francois CHENG, *Cinq méditations sur la mort*, Albin Michel, 2013.

CICÉRON, *Consolatio* (texte perdu) : monologue après la mort de sa fille.

— *Le Songe de Scipion* : dialogue sur la condition humaine et l'inanité des grandeurs terrestres par rapport au Souverain Bien.

— *Tusculanes* : débat sur le chagrin et l'homme sage.

Georges CONDOMINAS, *L'exotique est quotidien*, Plon, 1965 ; rééd. 1982.

Éric CRUBÉZY, *Aux origines des rites funéraires. Voire, cacher, sacraliser*, Odile Jacob, 2019.

Jean Hugues DÉCHAUX, « Neutraliser l'effroi », in Jean-Philippe de Tonnac et Frédéric Lenoir (dir.), *La Mort et l'immortalité. Encyclopédie des savoirs et des croyances*, Bayard, 2004.

Jean DELUMEAU, « Du jardin d'Éden au royaume des cieux/ Le paradis chrétien », in Jean-Philippe de Tonnac et Frédéric Lenoir, (dir.), *La Mort et l'immortalité. Encyclopédie des savoirs et des croyances*, Bayard, 2004.

ÉPICTÈTE, *Manuel.*

Arnaud ESQUERRE, *Les Os, les cendres et l'État*, Fayard, 2011.

Philippe DE FALCO, *Dictionnaire de la mort sous la direction de Paris*, Larousse, « In Extenso », 2010 : « Rite et rituel » par Marc Vilemain et « Ritualisation funéraire » par Julien Bernard.

Michaël FOESSEL, *Kant et l'équivoque du monde*, Éditions du CNRS, 2008.

— *La Privation de l'intime*, Éditions du Seuil, « Débats », 2008.

— *Après la fin du monde. Critique de la raison apocalyptique*, Éditions du Seuil, « L'ordre philosophique », 2013.

— *Le Temps de la consolation*, Éditions du Seuil, « L'ordre philosophique », 2015.

J.G. GAUTHIER, *Les Fali de Ngoutchoumi, montagnards du Nord Cameroun*, Oosterhout, Anthropological Publication, 1968.

Edmundo GÓMEZ-MANGO, *La Place des mères*, Gallimard, 1999.

Marcel GRANET, *Études sociologiques sur la Chine*, PUF, 1953.

Marcel GRIAULE, *Dieu d'eau : entretiens avec Ogotemmêli*, Fayard, 1997.

— *Masques dogons*, Institut d'ethnologie, « Afrique », 1994.

Jacques HAINARD, Pierre CENTLIVRES (dir.), *Les Rites de passage aujourd'hui*, Actes du colloque de Neuchâtel 1981, Lausanne, L'Âge d'Homme, 1986.

Kushner HAROLD, *When Bad Things Happen to Good People*, 1981.

Marie DE HENNEZEL, *La Mort intime. Ceux qui vont mourir nous apprennent à vivre*, préface de F. Mitterrand, Robert Laffont, 1995.

Nous ne nous sommes pas dit au revoir, Robert Laffont, 2000.

Marie DE HENNEZEL et Jean-Yves LELOUP, *L'Art de mourir, traditions religieuses et spiritualité humaniste face à la mort aujourd'hui*, Robert Laffont, 1997.

Delphine HORVILLEUR, *Vivre avec nos morts*, Grasset, 2021.

Victor HUGO, *Les Contemplations*, 1856 : « À Villequier ».

Alphonse DE LAMARTINE, *Nouvelles méditations poétiques*, 1823.

Paul-Louis LANDSBERG, *Essai sur l'expérience de la mort*, Éditions du Seuil, 1937.

Thomas W. LAQUEUR, *Le Travail des morts. Une histoire culturelle des dépouilles mortelles*, trad. de l'anglais par Hélène Borraz, Gallimard, 2018.

Damien LE GUAY, *Qu'avons-nous perdu en perdant la mort ?*, Éditions du Cerf, « L'Histoire à vif », 2003.

Françoise LE ROUX, *La Religion des Celtes*, in *Histoire des religions*, La Pléiade, p. 782.

Francois DE MALHERBE, *Consolation à M. du Périer sur la mort de sa fille*, 1607.

Gitta MALLASZ, *Dialogue avec l'ange*, Aubier-Montaigne, 1976.

Jean MARKALE, *Les Celtes et la civilisation celtique. Mythe et histoire*, Payot, 1969.

Claudie MARTIN-ULRICH (dir.), « Pratiques de la consolation en Europe de l'Antiquité au XVIIe siècle », *Exercices de rhétorique*, 9, 2017 : https://journals.openedition.org/rhetorique/515

MONTAIGNE, *Essais*, t. V, 1580 : arguments consolatoires contre les douleurs de la gravelle.

Thomas MORE, *Dialogue of Comfort Against Tribulation*, 1534.

Marie Rose MORO, « Pour que l'autre reste debout », in Emmanuelle Huisman-Perrin (dir.), *La Consolation, Mots pour maux*, « Morales », n° 22, Éditions Autrement, 1997.

Marguerite DE NAVARRE, *Dialogue en forme de vision nocturne*, 1533 : dialogue avec sa jeune nièce morte qui revient la consoler.

— *Le Navire*, 1547.

PÉTRARQUE, *Les Remèdes aux deux fortunes* (*De remediis utriusque fortunæ*), 1354-1366.

PLATON, *Phédon*.

— *Axiochos* (apocryphe).

PLUTARQUE, *Consolation à sa femme*.

— *Consolation à Apollonios*.

Sully PRUDHOMME, *Stances et poèmes*, 1865.

Séverine REY, *Des saints nés des rêves. Fabrication de la sainteté et commémoration des néomartyrs à Lesvos (Grèce)*, Lausanne, Éditions des Antipodes, 2008.

SÉNÈQUE, *Lettres à Lucilius*, 107, 11, trad. M. Charpentier et M. Lemaistre, Garnier, 1860.

— *Consolation à ma mère Helvia*.

Dominique SEWANE, « Celles qui tombent chez les Tammariba du Togo », in Marie-Claude Dupré (dir.), *Familiarité avec les dieux. Transe et possession* (Afrique noire, Madagascar, La

Réunion), Clermont-Ferrand, Presses universitaires Blaise-Pascal, 2001, p. 185-221.

— « Puissance du nom. Les noms secrets des Batãmmariba du Togo, Bénin », in Jean-Philippe de Tonnac et Frédéric Lenoir (dir.), *La Mort et l'immortalité : encyclopédie des savoirs et des croyances*, Bayard, 2004, p. 855-866.

— « La tombe et ses orientations », in Muriel Gilbert (dir.), *Antigone et le devoir de sépulture : actes du colloque international de l'Université de Lausanne* (mai 2005), Lausanne, Labor Fides, 2005, p. 161-176.

— *Le Souffle du mort : la tragédie de la mort chez les Batãmmariba du Togo, Bénin*, Plon, « Terre humaine », 2003 (prix Robert-Cornevin) ; rééd. Pocket, 2007.

Antoine SPIRE, « Le Deuil des sans-deuil », in Nicole Czechowski et Claudie Danziger (dir.), *Deuils. Vivre c'est perdre*, « Pluriel », 2004.

Judith STERN, « Quarante ans après à Beer-Sheva », in Pierre Fédida et Jean Guyotat (dir.), *Mémoires, transferts*, éditions GREUPP, 1986.

Louis-Vincent THOMAS, « Leçon pour l'Occident : ritualité du chagrin et du deuil en Afrique noire », in Tobie Nathan (dir.), *Rituels de deuil*, Claix, La Pensée sauvage, 1995.

Guillaume DU VAIR, *De la constance et consolation es calamitez publiques*, 1594.

Arnold VAN GENNEP, *Les Rites de passage. Étude systématique des rites*, 1909 ; rééd. Picard, 1981.

Claudine VEGH, *Je ne lui ai pas dit au revoir. Des enfants de déportés parlent*, Gallimard, 1979.

VIRGILE, *L'Énéide*.

Exposition « Deuils » présentée par le musée des Religions du monde de Nicolet, au Canada, qui a eu lieu du 19 mai 2010 au 13 mars 2011.

Table

Cet ouvrage a été mis en pages par

<pixellence>

Imprimé en France par Maury Imprimeur
en janvier 2024
N° d'impression : 275402

N° d'édition : 626517-0
Dépôt légal : mars 2024